문장의 시대, 시대의 문장

문장의 시대,
시대의 문장

1판 1쇄 인쇄 2020. 9. 18.
1판 1쇄 발행 2020. 9. 25.

지은이 백승종

발행인 고세규
편집 이한경 디자인 조은아 마케팅 이헌영 홍보 반재서
발행처 김영사
등록 1979년 5월 17일(제406-2003-036호)
주소 경기도 파주시 문발로 197(문발동) 우편번호 10881
전화 마케팅부 031)955-3100, 편집부 031)955-3200 | 팩스 031)955-3111

값은 뒤표지에 있습니다.
ISBN 978-89-349-9264-6 03910

홈페이지 www.gimmyoung.com 블로그 blog.naver.com/gybook
페이스북 facebook.com/gybooks 이메일 bestbook@gimmyoung.com

좋은 독자가 좋은 책을 만듭니다.
김영사는 독자 여러분의 의견에 항상 귀 기울이고 있습니다.

이 도서의 국립중앙도서관 출판예정도서목록(CIP)은 서지정보유통지원시스템 홈페이지
(http://seoji.nl.go.kr)와 국가자료종합목록 구축시스템(http://kolis-net.nl.go.kr)에서
이용하실 수 있습니다. (CIP제어번호 : CIP2020037438)

문장의 시대, 시대의 문장

백승종 지음

문장의 왕국 조선을 풍미한 명문장을 찾아서

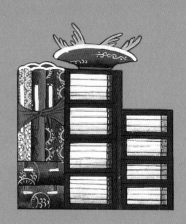

김영사

시대가 쓴 문장, 문장이 그린 세상

문장의 역사는 흥미진진하다. 그것은 단선적이지도 않고 직선적이지도 않아, 복합적이고 우회적이다. 진晉나라 갈홍葛洪이 편찬한 《신선전神仙傳》이란 책 한 권이 생각난다. 책에 실린 84명의 도사에 관련된 흥미진진한 이야기 가운데는 황초평이란 도사의 석양石羊 전설도 있다. 그 이야기를 조금만 파고 들어가도 가지가 사방으로 죽죽 벋어나간다.

갈홍이 담담한 필치로 전하는 금화산 신선 황초평 이야기는 이러했다. 어떤 도사 한 사람이 금화산에 살고 있었는데, 그는 어느 날 가난에 시달리는 황초평이란 소년을 식실로 데려왔다. 아이는 마음씨도 착하고 성품도 어질었다. 도사는 소년을 곁에 두고 양을 돌보게 하면서 날마다 조금씩 도술을 가르쳐주었다. 어언 40년의 세월이 쏜살처럼 흘러갔다.

이 소년에게는 황초기라는 형이 있었다. 어느 날 갑자기 아우의 행방이 묘연해지자 형은 생업을 포기한 채 길을 나섰다. 잃어버린 아우를 되찾기 위해 형은 사방을 떠돌며 숱한 고초를 겪었다. 우애가 지극해서 그랬는지 하늘도 무심하지 않았다.

백발이 된 황초기는 꿈에 그리던 아우를 다시 만났다. 그런데 놀랍게도 아우는 어린 시절 모습 그대로였다. 아우는 이미 현묘한 도를 터득한 것이 분명했다. 밤이 되자 자신이 돌보던 양 떼를 돌로 변하게 하고 아침이 오면 양 떼를 되살려냈으니 말이다.

초평과 초기 형제는 결코 다시는 헤어지지 않기로 약속했고, 금화산에서 함께 수련에 힘썼다. 오랜 세월이 흐른 뒤 그들은 신선이 되었단다. 현대인으로서는 믿지 못할 허황한 이야기지만 우리 조상들은 달랐다.

17세기 조선의 문장가 교산 허균은 황초평 전설을 좋아했다. 그에게는 서양갑이라는 친구가 있었는데, 양반의 서얼이었다. 젊은 시절 허균은 서양갑에게 석선石仙이라는 자字를 지어주었다. 황초평의 석양 고사를 염두에 둔 작명이었다.

조선 후기의 선비들은 허균과 서양갑을 탐탁지 않아 했다. 하지만 그들도 황초평처럼 신선이 되기를 꿈꾸었다. 18세기를 대표하는 화가 단원 김홍도와 유춘 이인문은 황초평의 전설을 화폭에 담았다. 김홍도의 명작 '금화편양金華鞭羊'은 황초평이 금화산에서 한가로이 양을 치는 광경을 그린 것이다. 이인문도 황초평을 화폭에

문장의 시대, 시대의 문장

담았는데, 양 떼를 몰며 퉁소를 부는 장면이다. 제목은 그림에 걸맞게 '목양취소牧羊吹簫'라고 하였다.

그들 문인과 화가는 무슨 생각을 하였을까. 권력과 재물과 명예만 숭상하는 세상 풍조를 깊이 혐오한 것은 아니었을까. 소수 기득권층이 모든 자원을 약탈하는 사회 풍조에 염증을 느꼈으리라 생각한다. 이에 더하여 당시 중국에서 들어온 서학의 영향도 있었을지 모르겠다. 천주교의 성인전聖人傳이 식자층에 알려지자 그들은 성인에 견줄 만한 도교의 신선에 다시 주목한 것은 아니었을까. 조선 후기에 이르러 신선의 인기가 다시 높아진 것은 흥미로운 일인데, 역사적 배경이 단순해 보이지 않는다.

나의 할아버지들도 신선을 동경했다. 5대조는 자신을 '석양동처사石羊洞處士'라 불렀다. 살던 마을도 석양동이라고 이름을 바꾸었고, 노년에는 산기슭에 서당을 지어 후학을 가르쳤다. 그때 전라도 관찰사 이유원은 그 서당을 찾아와 한 장의 기문記文을 남겼다. 석양동 서당의 장래를 축복한 글인데, 그 글에 석양동처사의 취향이 고스란히 드러난다. 처사는 제자들을 과거 공부로 내몰 뜻이 없었다. 그는 문장과 술, 거문고와 장기를 즐기며 태평한 나날을 꿈꾸었다. 처사에게 황초평의 석양은 과연 무슨 의미가 있었을까. 이미 고질이 되어버린 답답한 성리학적 세계관에서 벗어나 자유로운 지적 탐구를 시작한다는 결심을 담았을 것이다.

본래 석양은 《신선전》에 실린 숱한 이야기 가운데 하나였을 뿐인데, 천 년 세월이 흐른 뒤 조선에서는 누군가의 이름이 되었다.

명장의 손끝에서 고상한 그림으로 부활하기도 하였다. 또 혼란한 시대에 놓인 선비들에게는 이상향의 대명사가 되었다니, 신기하기만 하다. 이렇듯 문장은 누군가에게는 삶의 지침 또는 의지처가 되어 오래오래 빛을 발하였다.

나는 왜 황초평의 전설을 길게 늘어놓는가. 그 이야기를 통해 이 책의 존재 이유를 설명할 수 있다고 보기 때문이다. 우리는 이 책에서 문장에 실린 세상의 다양한 얼굴을 만나기도 하고, 시대가 길러낸 문장가의 이야기에도 귀 기울이게 된다. 글이란 예나 지금이나 세상과 떼려야 뗄 수 없는 존재이다.

조선 시대에는 더더욱 그러했다. 500년도 넘는 그 시절의 역사는 붓끝에서 피어났고, 문장과 더불어 쇠락하였다. 조선의 문장가는 의롭고 강개한 마음뿐만 아니라 감추고 싶은 감정과 욕망까지 글로 기록하였다. 그들은 친구의 진심이 느껴지는 시 편지 한 장을 꺼내보며 평생 그를 잊지 못하고 그리워하였다. 그들은 세상의 공적[功]도 허물[過]도 말없이 글로 표현할 뿐이었다. 우리 역사를 통틀어 문장이 이렇게 대접받은 시대가 또 있었을까 모르겠다.

문장이 드넓은 바다라면 나는 그 바닷가를 산책하며 주운 몇 개의 조개껍질을 엮어서 이 책을 만든다. 제1부에서는 시대적 사명이 문장가를 어떻게 움직였는지 살펴볼 것이다. 역사적 흐름을 따라 모두 여섯 폭의 병풍을 만든다. 첫째는 목은 이색에 관한 이야기이다. 고려가 멸망하고 조선이 들어서는 전환기에 시인이자 학자 이색의 붓끝이 무거웠던 사실에 주목한다. 둘째 이야기는 삼봉 정도전이 글로 새 나라를 지어간 사연이다. 셋째는 세종이 국가적 이상을 실천하기 위해 권채와 취금헌 박팽년 같은 실용적 문장가를 길러낸 이야기이다. 넷째로는 성리학 전성기의 여러 문장가를 만날 것이다. 점필재 김종직을 비롯하여 역사에서 길을 잃은 지족당 남곤, 그리고 성리학적 문장 미학을 완성했다고 볼 수 있는 옥봉 백광훈을 차례로 이야기한다. 다섯째는 실학 시대에 활약한 문장가들이다. 실학자 성호 이익과 연암 박지원에서부터 추사 김정희에 이르기까지 흥미로운 변화를 추적한다. 끝으로, 19세기 개화 시대의 선구자였던 혜강 최한기와 환재 박규수를 불러보는 것도 좋겠다. 역사적 흐름 속에서 문장의 변화를 목격하는 즐거움이 우리를 기다린다.

제2부는 문장이 담은 세상 풍경을 음미하며 인생에 나침반이 될 법한 지혜와 가치를 떠올리는 시간이다. 첫 장면에는 명화를 글로 풀어낸 여러 문장가가 등장한다. 취금헌 박팽년과 창강 김택영 등이 시서화의 이중주를 들려줄 것이다. 다음으로 티끌세상을 벗어나고자 하였던 동주 이민구와 매월당 김시습의 글을 읽고 삶의 의미를 따져본다. 문장가의 우정담에도 귀를 기울여보자. 무엇보다도 서애 유성룡과 이순신의 아름다운 우정이 큰 울림을 줄 것이다. 또 인간의 영원한 주제인 사랑과 이별의 문제를 생각해본다. 사가정 서거정의 아내 사랑과 시기詩妓, 곧 시 짓는 기생의 노래를 듣고, 다산 정약용과 아암 혜장 스님의 사연을 읽으며 마음

의 현을 골라보자. 끝으로, 송곳처럼 날카롭고 추상처럼 매서운 문장가들을 만난다. 석주 권필, 휴암 백인걸 그리고 남명 조식의 꼿꼿한 기상과 절개가 우리를 놀라게 한다.

문장가란 시대를 이끌기도 하였으나 때로는 시대가 문장을 북돋우다가 문장가를 질식시키기도 하였다. 이 책에서 우리는 20명이 넘는 조선의 문장가를 만날 터인데, 그들의 마음과 지혜를 헤아리는 시간이 즐겁기도 하고 안타까운 점도 없지 않을 것이다. 그들의 문장에서 섬광처럼 빛나는 역사의 진실을 놓치지 않기를 소망한다.

옛 문장을 온전히 이해하는 일이 쉽지는 않다. 어떨 때는 문장가의 삶을 깊이 들여다보아야 비로소 문장의 뜻을 알 수 있다. 때로는 그 문장이 등장한 사회·문화적 배경을 알아야만 할 것이다. 역사가로서 나는 내 지식을 총동원하기로 했다. 능력은 미흡하지만 성실히 노력을 기울인다면 문장 곳곳에 숨은 지혜와 통찰을 발견할 수 있지 않을까, 하는 소망으로 이 책을 쓴다.

이 책은 푸른 바다에 뜬 한 알의 곡식처럼 가벼우나, 이 한 권을 완성하는 데도 여러 분의 노고가 많았다. 맨 처음 문장과 시대라는 화두를 던져준 분은 김영사의 고세규 사장님이었다. 편집부에서는 조리도 없고 군더더기만 많은 나의 원고를 정성껏 다듬어주었다. 덕분에 읽기 좋은 한 권의 책이 만들어졌다. 고개 숙여 깊이 감사드린다.

더 멀리 생각해보면, 이 책에 등장하는 우리의 옛 문장가들에게
도 사의를 표하는 것이 옳겠다. 온몸으로 역사의 험준한 고개를
넘어야 했던 그들의 고통을 우리는 기억한다. 지나간 시대의 아픔
과 기쁨이 귀한 문장으로 남아, 지금 여기에 존재한다는 사실 자
체가 실은 경이로운 일이라 생각한다.

2020년 가을
평택 석양재石羊齋에서
백승종

성리학 전성기의 문장가

실학 시대의 문장가

개화 시대를 연 문장가

제2부　문장의 시대

명화를 글로 풀어 쓰다

티끌세상 버리고 방외로 떠나가다

우정을 꿈꾸며

사랑과 그리움의 명문

송곳처럼 날카롭고 추상처럼 매서운 문장가

문장의 나라, 조선

동방은 문장의 나라

한국은 과연 문장의 나라였을까? 그러기에는 조건이 너무 나쁘지 않았던가. 우리가 고유문자인 한글을 가진 것은 겨우 15세기 세종 때였다. 세계의 주요 국가들과 비교해 늦어도 너무 늦었다. 하지만 우리 조상은 명문장을 많이 배출한 나라에서 산다고 믿었으니, 신기한 일이다.

19세기의 박학다식한 학자 이규경은 중국과 한국을 대표하는 문장 선집[文選]을 소개하였다(이규경, 《오주연문장전산고》, 〈문선文選에 관한 변증설〉). 거기서 이규경은 고대부터 중국인들이 우리나라를 군자국君子國 또는 소중화小中華라 불렀다는 사실을 고증하였다.

헛된 주장이 아니었다. 중국 사람들은 우리나라 선비들이 지은 한문을 애호하였다. 명나라의 문장가 송렴宋濂도 한국인의 문장력을 칭찬했고, 또 다른 명나라 문인 고손高巽도 조선의 학문과 문사文辭는 중국과 다름이 없다고 평가하였다. 역시 명나라 학자요 문장가로 이름난 기순祈順은 더욱 목소리를 높였다. "외국의 문헌 중 조선이 으뜸이다. 그 문물文物과 전장典章이 중국과 마찬가지이다."

명나라는 조선의 높은 문예 수준을 의식해 사신을 보낼 때도 문장에 뛰어난 관리를 고르고 골랐다. 19세기 학자로 정승까지 지낸 이유원이 쓴 글에 그런 사실이 보인다(이유원,《임하필기》, 제17권,〈중국 사신은 일대一代의 명인名人〉). 15세기에 명나라가 사신으로 보낸 예겸倪謙, 진감陳鑑, 동월董越, 당고唐皐, 허국許國 등은 중국의 명문장가였다.

청나라 때 사정이 좀 달라지기는 하였으나, 그때도 조선의 명문을 읽고자 하는 사신이 많았다. 숙종 4년(1678) 청나라 사신 갈갈嘎은 조선의 명문장가를 서책으로나마 만나고 싶다고 했다. 조정에서는 최치원, 정몽주, 권필, 박은, 허봉, 백광훈, 허난설헌 등의 저작을 골라 선물했다.

숙종 39년(1713)에는 청나라 황제 강희제까지 공식적으로 나서 조선의 문헌을 보내달라고 요청했다. 조정에서는 급히 15책의 문선을 제작하여 보내주었다(이유원,《임하필기》, 제17권,〈중국 조정에서 우리나라의 문적文籍을 보여달라고 하다〉). 조선의 문장가들이 한문을 자유자재로 구사하여 중국인들까지 감동하였다니 놀라운 일이다.

시대를 지배한 문장의 미학

도대체 조선 시대 사람들은 어떤 문장을 좋아했을까? 그때도 문장 미학 같은 것이 있었을까. 시대가 바뀌면 문장론에도 변화가 일어났을까. 예전에 나는 이런 궁금증을 가졌다. 공부를 해보니 과연 조선 시대에도 문장론이 있었다. 시대에 따라 굵직한 변화가 일어나기도 했다.

14세기 말 조선왕조가 들어설 때쯤 새로운 문장론이 등장하였다. 문장과 경학經學(유교 철학)은 별개가 아니라는 믿음이 바로 그 시절에 생긴 것이다. 경학을 중시하게 된 배경은 성리학의 유행에서 찾을 수 있다. 고려 후기부터 성리학자가 많아졌는데, 그들은 선배의 문장을 비판하기 시작했다. 조선 초기가 되면 성리학자들이 고려의 문장을 시소詩騷, 즉《시경》과《초사》의 아류라고 혹평할 정도로 문단의 조류가 달라졌다.

그 시절의 문장가 중 누가 유명했을까. 권근과 변계량이 이름을 날렸는데, 권근으로 말하면 당대 제일의 석학인 동시에 시인으로서도 탁월하였다. 변계량은 한 시대의 문형文衡(대제학)으로서 나라에서 주도하는 편찬 사업에 크게 이바지했다. 그러나 15세기 후반에는 그들의 문장에 대해서도 매서운 비판이 일었다. 특히 변계량의 문장력이 지나칠 정도로 공격을 받았다. 시에 대한 이해가 부족한 데다 성품까지 졸렬하여 문장가로서 품위가 부족하다는 것이었다.

세종, 실용적 글쓰기를 북돋우다

조선 역사에서 세종 대는 하나의 분기점이었다. 즉위 초부터 세종은 집현전을 설치해 문장과 경학에 밝은 선비들을 체계적으로 길러냈다. 왕은 문치文治를 추구하는 국가의 임금으로서, 문장의 힘으로 나라가 일어서야 한다고 믿었다. 그리하여 권채, 남수문, 신숙주, 최항, 이석형, 박팽년, 성삼문, 유성원, 이개, 하위지 등 뛰어난 문사를 배출해 한 시대를 빛냈다. 이들은 왕의 바람대로 실용적 글쓰기의 달인이 되었다.

세종 시대를 대표하는 문장가는 누구였을까? 후세 학자들은 취금헌 박팽년이라고 입을 모았다. 선비들은 그를 '집대성集大成'이라 부르며 으뜸으로 여겼다. 박팽년은 경학과 문장, 그리고 글씨까지 통달했다. 그런데 성삼문 등과 함께 단종 복위를 꿈꾸다 붙잡혀 목숨을 잃었다.

집현전 출신으로 여러 장르에 두루 뛰어난 문장가가 또 있었다. 신숙주였다. 서거정과 김수온도 문장으로 유명했다. 특히 서거정은 산문이 화려하고 아름다웠다. 시 또한 빼어나 한유韓愈(당송팔대가 중 한 사람)를 닮았다는 평을 들었다. 한편 김수온은 글이 웅장하고 호걸다웠다. 또 세종 대 과거 시험에서 내리 장원을 차지한 이석형은 글재주가 빼어나 이후 세조의 사랑을 받았다.

점필재 김종직의 도학적 문장론

세종의 우문右文 정책에 힘입어 문풍文風이 일어났고, 그 영향이 성종 대까지 미쳤다. 문장가들이 줄지어 나타났는데, 그 가운데서도 사림의 종장宗匠 김종직은 특별한 존재였다. 그는 탁월한 성리학자로 질박하면서도 전아典雅한 문장론을 펼쳐 후세에 큰 영향을 주었다. 화려하고 멋들어진 문장을 선호하고, 문장의 다양성을 존중하는 훈구 보수 세력과는 달랐다. 서거정과 성현은 보수적 흐름을 대표하는 문장가로서 김종직과 대립하였다.

잘 알려진 대로 연산군 때 두 차례 사화가 일어나 김종직의 제자인 사림파는 대부분 조정에서 쫓겨났다. 문장계도 훈구 세력이 다시 장악했다. 그러나 중종 때 문장 권력의 축이 바뀌어, 김종직의 학맥을 계승한 조광조가 등장해 도학道學, 즉 성리학 지상주의를 표방하였다. 그는 보수 세력의 사장詞章을 송두리째 파괴하려 했다.

그러나 기묘사화가 일어나 조광조 등이 제거되었고, 정치적 상황은 반전되었다. 사림파가 재야로 밀려나고 훈구파가 다시 조정을 장악하자, 훈구파를 이끌던 남곤이 명문장가로서 이름을 떨쳤다. 그로 말하면 한때는 훈구파 대신 유자광의 악행을 고발하는 명문을 지어 이름을 떨친 이였다. 이처럼 문장의 역사는 시대적 흐름과 어울리면서 변화를 거듭하였다.

'목릉성세'를 빛낸 문장가들

세상은 도도히 흐르는 강물과 같다. 구질서를 회복한 문장계에
도 점차 변화가 일어났다. 명종 말기부터 초야에서 숨을 죽이고
있던 사림이 하나둘 조정에 복귀하였다. 그들은 선조 즉위를 계기
로 조정의 관직을 사실상 모두 차지했다. 다시 사림파의 세상이
온 것이다. 백인걸, 노수신, 이담, 민기문, 김난상, 유희춘 등 사화
로 억눌렸던 사림이 조정에 진출하여, 선조 초년의 정치는 우리나
라에서 최고 수준에 도달했다는 평가가 나오기도 했다(신흠, 《상촌잡
록》 참조).

사림이 조정을 장악하자 도학 중심의 문장이 다시 풍미했다. 후
세는 그 시절을 '목릉성세穆陵盛世'(목릉은 선조의 능호)라 부르며 역사
상 문풍이 가장 성대하였다고 평가했다. 오늘날 우리는 선조라면
무능하고 무책임한 왕의 대명사쯤으로 여긴다. 임진왜란의 혼란
과 참상 때문에 자연히 그렇게 매도한다. 그러나 조선 후기의 문
인들은 선조 전반기의 태평세월을 그리워했다(신흠, 《상촌잡록》 참조).

선조 때의 문장가는 수가 워낙 많아 전기와 후기로 나눠서 살펴
야 할 정도이다. 초년의 대표적인 문사로는 '삼당시인三唐詩人'으로
불리는 백광훈, 이달, 최경창이 손꼽혔다. 그 뒤로는 성리 철학을
강조하는 송풍宋風이 꺾이고 차츰 다양한 시풍詩風이 나타났다. 조
선의 문장이 한층 성숙해진 것이다.

선조 후기에는 더욱 다양한 문풍이 유행하였다. 임진왜란을 겪

으며 중국의 문예사조도 활발히 수입되었다. 이 시대의 대표적인 문장가로는 최립과 권필을 빼놓을 수 없다. 특히 석주 권필은 호방하고 활달하여 거리낌이 없었다. 그는 광해군 때 외척의 전횡을 비판하고 〈궁류시宮柳詩〉를 지어 세상을 풍자하다가 필화筆禍를 입고 쓰러졌다.

개성을 강조하는 교산 허균의 문장론

혹자는 이런 질문을 던질 법도 하다. "그렇다 해도 그들은 모두 개성 없는 선비들이 아니었던가요?" 옳은 말일 것이다. 그러나 알고 보면 17세기의 역사는 후세에 귀한 선물을 하나 남겼다. 교산 허균이라는 개성 만점 문장가의 출현이다. 당연한 일이지만 그는 세상의 모진 풍파를 겪었다. 허균은 경험적이고 주관적이며 자기고백적인 세계를 탐구한 문장으로 세상을 놀라게 했다.

그의 문장론은 오늘날의 관점에서 보아도 전혀 손색이 없다. 스승 이달에게 보낸 편지를 보면, 허균은 당대에 유행한 당시唐詩와 송시宋詩에서 한참 벗어나 있었다. 그는 세상 사람들이 자신의 개성적인 문체를 인정하고, '이것은 허균의 시'라고 평가해주기를 소망하였다(허균, 《성소부부고》, 제21권). 이러한 개성파의 등장으로 조선의 문화계는 새로운 활력을 얻었다.

'월상계택'의 활약

세상이 널리 인정한 문장가는 물론 따로 있었다. 16~17세기를 빛
낸 최고의 문장가로는 '월상계택月象谿澤'이라 하여 이정귀(월사月沙),
신흠(상촌象村), 장유(계곡谿谷), 이식(택당澤堂)을 손꼽는다. 이 넷을 조선
중기의 한문사대가漢文四大家라 부른다. 혹자는 이정귀 대신 김현
성을 넣기도 한다.

그 시대의 주류 학자들은 전과 다름없이 성리학적 가치를 구현
한 문장만 추구하였다. 가령 당대의 석학으로 손꼽히는 현석 박세
채는 유독 택당 이식의 글을 칭찬했다. 그 이유는 이식이야말로
처음부터 경서經書 공부에 집중하여 이단의 학문에 오염되지 않았
기 때문이라고 했다(이정귀, 《월사집》, 별집 제7권, 박세채의 〈젊었을 때 들은
것을 기록하다[記少時所聞]〉 참조). 오늘날의 입장에서 보면 얼마나 옹색
하고 편협한 관점인가.

김종직과 같은 부류의 문장가를 중시하는 조선 사회의 전통은
뿌리 깊었다. 그 때문에 나라가 망할 때까지도 최고의 인재를 선
발하는 문과 시험은 문장 중심으로 운영되었다. 많은 선비가 이런
전통에 순응하였다. 그러나 차츰 반론이 일어났다.

성호 이익의 도전

그럼 새로운 문장론이 등장한 것일까? 그렇다고 대답할 수 있어 다행이다. 실학자 성호 이익이 내 눈길을 끈다. 그는 평생 제도 개혁을 부르짖었는데, 문장 실력으로 인재를 선발하는 과거제도 역시 비판의 대상으로 삼았다. 이익의 주장에 따르면, 조선 후기의 과거제도는 실패가 예정되어 있었다. 기껏해야 표전表箋 같은 문장 형식에 얽매인 시험이니 이것만으로 다양한 인재를 골라낼 수는 없기 때문이었다. 이익은 재능과 덕망 있는 선비를 널리 추천하여 재능에 부합하는 벼슬을 맡기는 것이 마땅하다는 의견이었다(이익, 《성호집》, 제45권, 〈인재 등용을 논하다[論用人]〉). 그의 주장에는 설득력이 있었다. 제아무리 문장을 웅장하고 빈틈없이 짓는다 해도, 그것만으로는 그 사람이 백성을 위하고 나라를 잘 다스릴 인재인지 판단할 수 없지 않은가. 이익의 견해가 관철되지 못한 것은 유감이나, 그런 주장이 제기된 것만으로도 세상은 이미 바뀌고 있었다는 사실이 드러난다.

그때도 물론 이익과 생각을 달리하는 사람이 많았다. 그들은 중국과 주고받는 외교 문서를 품위 있게 꾸미기 위해서라도 사륙문을 비롯해 한문의 다양한 장르에 정통한 문장가를 우대해야 옳다고 믿었다. 그러나 이익의 생각은 전혀 다른 방향으로 흘러갔다. 그럼 그가 보기에 좋은 문장은 어떤 것이었을까.

첫째는 있는 그대로 꾸밈없이 풍부하게 서술한 문장이었다. 그는 중국 고대의 문장은 초여름에 꽃과 잎이 무성하여 마른 가지 하나 없는 나무처럼 찬란하다고 부러워하였다. 둘째, 중요한 사실만 간추린 문장도 좋다고 생각하였다. 진나라와 한나라 때의 문장처럼 겨울이 되어 꽃이 지고 열매가 떨어져 드러난 나무 본연의 모습을 그린 것이 좋다고 했다. 그러나 날마다 책에서 마주치는 우리나라의 문장은 실제 모습과도 다르고, 무슨 물건인지 알아볼 수 없다고 비판하였다(이익,《성호사설》, 제30권, 〈고금의 문장[古今文章]〉 참조).

그러나 어찌 이익뿐이었겠는가. 그보다 늦게 태어난 문사들 가운데도 개성 강한 선비이자 명문장가가 많았다. 이익의 학문적 전통을 계승한 정약용 같은 이도 있었고, 비슷한 시기에 활동한 북학파의 여러 학자도 주목할 만하였다. 홍대용, 박지원, 박제가, 이덕무, 김정희 등은 전통을 계승하면서도 저마다 새로운 경지를 개척한 선구자였다.

그들 중 대부분은 정조에게 각별한 은우恩遇를 입었다. 그러면서도 그들은 정조가 추진한 문체반정文體反正에는 그다지 찬성하지 않았다. 정조는 성리학 전통을 지키고자 노력하였으나, 박지원과 정약용 등은 낡은 시대의 장벽을 넘어 새로운 세계에 다가서고자 애썼다. 우리는 그 점을 높이 평가해야 할 것이다.

혜강 최한기의 글쓰기 방법

지배층이 아무리 구질서를 고집해도 세상은 결국 바뀐다. 왕조 말기에 이르면 더욱더 혁신적인 문장가들이 나타난다. 나는 혜강 최한기에게 특별히 주목하였다. 그는 문장을 통해 사고를 구체화 하는 일, 곧 저술의 요체가 무엇인지 깊이 고심한 보배로운 인재 였다(최한기, 《추측록》, 제6권, 〈저술할 때는 미룰[推] 것이 무엇인지 가려야 한다〉). 그는 문장을 쓰려면 논리와 방향이 뚜렷해야 한다는 주장을 폈다. 그렇지 못하면 아무리 어구를 잘 맞추어도 글에 힘이 없고 문장이 빛나지 않는다고 했다. 과거에 어디선가 보고 들은 글귀를 모아놓 는 것만으로는 글이 규모를 갖추기 어렵다는 최한기의 문장론은 오늘날의 글쓰기 지침을 방불케 한다.

최한기는 한 편의 문장을 지으려면 먼저 글의 취지를 명확히 밝 히라고 주문했다. 그런 다음에 논지를 보충하고 강화하라고 했다. 글을 마칠 때는 다시 논지와 글의 방향을 모으라고 당부했다. 그 런 식으로 글 전체가 긴밀하게 하나로 연결되면서도 활발하게 확 장되는 기운이 있어야 독자도 감동한다고 보았다.

19세기 후반 영국과 프랑스를 비롯한 서구 열강은 가공할 만한 무력을 앞세워 동아시아로 밀고 들어왔다. 그리하여 동아시아의 국제 질서에 큰 변동이 일어났다. 중국 중심의 옛 질서가 무너지 는 가운데 조선의 선각자들은 서양 근대 문명의 위력을 실감하였 다. 그 시절, 최한기는 세상의 기운이 크게 변화하는 모습을 조용히 지켜보며 새로운 문장론을 펴기 시작했다. 그야말로 근대의 여명이 밝아옴을 정확히 파악한 것이다.

　조선은 과연 문장의 나라였다. 시대의 조류가 바뀔 때마다 매번 문장에도 파란이 일어났으니 말이다. 이제부터 우리는 15세기부터 19세기 말까지 이 나라의 문장가들이 써 내려간 문장의 역사를 조금 더 자세히 알아볼 작정이다.

제 1 부

———

시대의 문장

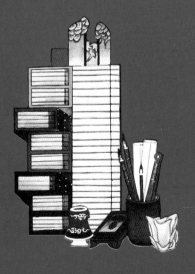

난세가 적신
문장가의 붓끝

문장의 역사에서 목은牧隱 이색李穡(1328~1396)의 위치는 독보적이었다. 그는 14세기 후반의 최고 지식인이요, 시문의 대가였다. 성리학에도 정통하여 공민왕의 개혁 정치에서 중추적 역할을 맡았고, 많은 제자를 길러냈다. 포은圃隱 정몽주鄭夢周(1337~1392)와 삼봉三峰 정도전鄭道傳(1342~1398), 양촌陽村 권근權近(1352~1409) 등 그의 제자들이 고려와 조선, 두 왕조의 운명을 좌우하였다는 것은 누구나 아는 사실이다.

이색과 그의 제자들은 최고의 인재로서 서로 친하게 지내며 큰 힘이 되었다. 그러나 곧 세상이 달라졌다. 공양왕 1년(1389) 이성계가 위화도에서 회군하자 조정에 엄청난 지각변동이 일어났다. 우왕이 축출되고 창왕이 들어섰고, 그 이듬해 이성계는 구귀족 세력의 상징인 이색을 조정에서 몰아냈다. 공양왕 3년(1391) 이색은 경상도 함창으로 유배되었다. 개경에서 멀리 떨어진 한적한 시골에 유폐되자 그는 커다란 위기를 느꼈다. 왕조의 안녕과 신변의 안전을 염려하며 이색은 연달아 세 장의 편지를 썼다. 우선 자신의 수제자이자 정치적으로도 가까웠던 정몽주에게 연락했다. 그리고 이미 정적이 되고만 옛 친구 이성계며 갈라선 제자 정도전에게도 편지를 보냈다.

이색의 시 편지는 세상의 흐름을 바꿀 수 있었을까. 그럴 수는 없었을 것이다. 이후의 역사가 웅변하듯, 그들의 운명은 강파르게 극과 극으로 치달았다. 역사의 임계점에서 이색이 보낸 세 통의 시 편지라. 그것을 꺼내 차례로 읽어보고 싶다는 생각이 든다. 따로 길게 주석을 붙일 필요도 없이 술술 읽힐지도 모른다. 과연 14세기의 지성인 목은 선생은 편지에서 무엇을 말하고 싶었을까.

사랑하는 제자 정몽주에게

그동안 도성(개경)에서 잠시 분주하였지요.
직책대로 과전을 받다 보니 엉뚱하게 너무 많이 받았던가 봅니다.
벼슬을 내려놓으니 정말 가슴이 시원하답니다.
천 년 전 자지가에 답하고 싶을 정도지요.
向來京輦蹔奔波 職貽科田誤我多
一箇白丁眞灑落 欲賡千載紫芝歌

시 편지에 나오는 〈자지가紫芝歌〉를 아는 사람이 있을지 모르겠다. 진시황의 학정을 피해 남전산藍田山에 은거한 현자 네 사람, 즉 동원공東園公, 하황공夏黃公, 녹리선생甪里先生, 기리계綺里季를 상산사호商山四皓라 불렀는데, 그들은 〈자지가〉를 부르며 스스로를 위로했다고 한다. 진晉나라 황보밀皇甫謐이 쓴 《고사전高士傳》에 나오는 이야기이다. 그렇다면 이색은 그들처럼 여말의 난세를 피해 어디론가 숨고 싶은 심정이라고 제자에게 고백한 셈인가. 이색이 포은에게 보낸 시 편지의 제1연은 이러하였다.

수제자 정몽주를 향한 스승의 편지는 이색의 문집 《목은시고》(제35권)에 실려 있다. 〈오천烏川에게 부치다〉라는 시가 그것이다. '오천'은 정몽주를 가리킨다. 정몽주의 본관이 오천(연일)이기 때문이다. 그 당시 정몽주는 고려왕조를 위기에서 구하려고 안간힘을 쓰고 있었다. 그는 반反 이성계파의 최고 지도자이자 인품도 학식도 넉넉한 50대의 실력자로서 구신舊臣의 구심점이었다. 그의 정치적 성패가 결국 고려의 흥망을 결정지을 것이었다. 이색의 편지는 이렇게 이어진다.

추석 때는 녹문으로 올라갈까 생각하였지요.
그렇지만 저는 우리에 갇힌 원숭이 신세가 되었네요.
뉘라서 저를 꺼내 자연으로 돌려보내줄까요.
산북이건 산남이건 마음대로 다니고 싶습니다.
擬向中秋上鹿門 此身還似檻來猿

何人放出林泉去 山北山南恣意奔

목은이 시어로 사용한 '녹문鹿門'은 산 이름이다. 역시 은사隱士의 피신처였다. 중국 후한 말기에 방덕龐德이란 선비가 그 산에 숨어 약초를 캐며 살았단다. 이색은 14세기 말의 정치적 혼란을 피해 숨고 싶었던 것이다. 그러나 머나먼 함창에 유배되고 말았으니 우리에 갇힌 원숭이 신세였다. 이색은 정몽주의 힘을 빌려 자유를 되찾기를 강력히 소망하였다. 그렇게 해석해도 무리가 없을 터인데, 성사되기 어려운 일이었다. 이성계는 녹록한 상대가 아니었으니 말이다.

반대파의 거두 송헌 이성계에게

누구나 시곗바늘을 거꾸로 돌리고 싶을 때가 있다. 시 편지를 쓸 때 이색의 심정도 그랬을 것이다. 조금만 시간을 거슬러 올라갈 수 있다면, 공민왕(재위 1351~1374)이 개혁 정치를 하던 시절로 되돌아가고 싶었을 것 같다. 그 시절 이색과 이성계는 시대의 총아로서 서로의 존재를 알았고, 점차 가까운 사이가 되었다.

이성계는 촉망받는 무인이었으나 글에도 취미가 있어 서책을 가까이하였다. 그 때문에 이색은 그가 더욱더 가깝게 느껴졌을 것이다. 그러나 좋았던 그들 사이는 결국 금이 가고 말았다. 위화도

회군을 통해 이성계의 야망이 드러났다. 이색은 정치 감각도 약간 무딘 데다 정치적 야심 따위는 없었으므로 급격한 변화를 바라지 않았다. 이성계의 거침없는 정치적 행보가 이색은 두려웠다.

함창의 유배지에서 이색은 자신의 제자 정몽주와 운명을 건 한 판 승부를 벼르고 있는 이성계를 떠올렸다. 그러고는 한 장의 시 편지를 썼다. 역시 《목은시고》(제35권)에 〈송헌松軒에게 부치다〉라 는 제목으로 실려 있다. '송헌'은 이성계의 호이다. 그들은 정치적 으로 이미 멀어진 상태였으나 서로에게 안부를 물을 사이 정도는 되었다. 아니, 이색으로서는 그 어려운 시국에 이성계의 손을 놓기 싫었을 것이다. 그는 파국을 벗어나고 싶었다.

가을이 교외 들판에 찾아오자 풍경이 달라졌습니다.
날씨만 맑아도 보기 좋은데 비까지 내리니 더욱 기묘합니다.
태평한 조정이라 훌륭한 모임도 많을 것입니다.
흥이 나면 연꽃 구경하러 가실 터인데 누구와 함께 하실지 궁금합니다.
秋入郊原淑景移 物華晴好雨仍奇
太平廊廟多高會 每趣看蓮又是誰

시에서 보다시피 이성계를 향한 이색의 언사는 태연하고 정중하였다. 그는 이성계와 더불어 연꽃을 구경하러 가고 싶다는 뜻을 넌지시 드러냈다. 적대적인 관계에서는 볼 수 없는 공손함이었다. 이색이 구원을 바라는 자신의 소망을 이성계에게 조용히 알리기 위해서였다. 제2연을 읽어보면 내 말뜻을 더욱 정확히 알 것이다.

함창 오기는 이번이 세 번째입니다만 흥은 더욱 새롭습니다.
늘 그랬듯 저는 물고기며 새와 친하답니다.
한산 땅에는 제 선조의 묘소가 있지요.
바라옵건대 추석에는 부모님(산소)께 절을 올릴 수 있었으면 합니다.
三到咸昌興更新 依然魚鳥亦相親
韓山有我先墳在 欲及中秋拜兩親

이색은 자신에 대한 이성계 측의 무장해제를 바라는 듯도 하였다. 자신은 상대를 원망하지도 않으며 물가에서 고기를 낚고 새소리를 듣는 것으로 만족한다고 말하였다. 이 편지는 추석을 앞두고 쓴 것으로 보이는데, 부디 유배에서 풀려나 한산의 부모님 묘소를 찾아갈 수 있으면 좋겠다고 애원했다. 이성계가 자신을 귀양에서 풀어주기만 하면 정치판 같은 데 끼지 않고 산림에 누워 조용히 지내겠다고, 무욕한 선비의 마음을 고백한 것이다.

그가 군이 말하지 않아도 이성계는 이색의 속생각을 헤아리고 있었다. 이색의 목을 베자는 극단적인 의견까지 나올 때 군이 조용한 함창으로 그를 유배 보낸 사람도 이성계였다. 과연 이색은 조선왕조가 창건된 뒤에도 천수를 누리는 데 지장이 없었다. 태조 5년(1396), 그는 69세로 조용히 눈을 감았다. 함창에서 보낸 시 편지도 모종의 효과가 있었던 것일까.

문장의 시대, 시대의 문장

괘씸한 제자 정도전에게 화해를 청하며

유자儒者가 되어 일찍이 천명을 안 셈이지요.
불교를 공부했더니 육신도 잊었답니다.
도미원에서 고개 돌려 (서울을) 바라보니
삼각산(삼봉 정도전)이 작별 인사를 하는 것도 같더군요.
爲儒早知命 學佛又忘身
回首都迷院 三峯似送人

유배를 떠나 한강을 건널 때 자신의 심정이 어땠는지 최대한 담
담하게 서술한 시 편지이다. 유교와 불교를 모두 공부한 이색은
마음과 몸에 걸리는 것이 아무것도 없다고 했다. 인간사에 걸림이
없는 통유通儒로서 자신의 모습을 대강 알리고 난 다음, 이색은 본
론을 꺼냈다.

세상 이익이란 가을 터럭만큼 작지요.
우리의 사귐이 식은 죽의 거죽보다야 단단할 것입니다.
한번 사이가 틀어진 것쯤 무슨 문제겠어요.
백번 방향이 바뀌어도 강물은 끝내 동쪽으로 흐른답니다.
世利秋毫小 交情粥面濃
任敎中齟齬 百折水流東

이색은 삼봉과 자신에게 갈등이 있었음을 솔직하게 인정하였다. 정도전이 스승인 자신을 죽이라고 탄핵한 기억이 왜 뇌리에 남아 있지 않겠는가. 그러나 이색은 정도전의 언행을 괘념하지 않는다고 선언했다. 우여곡절이 있더라도 우리는 진리를 향해 같은 길을 가고 있는 선비가 아니겠냐며 설의법까지 동원하였다. 죽이 물처럼 묽다 해도 식고 나면 그 거죽은 제법 단단하다는 뜻도 비쳤다. 정도전과 자신의 관계는 어려우나, 영구히 파탄 난 것으로 단정하고 싶지 않다는 말이었다. 이렇게 자세를 낮춘 스승을 정도전이 끝내 매몰차게 몰아붙일 수 있었을까. 그럴 수 없었을 것이다. 이색이 왕조 교체의 폭풍을 뚫고 살아남았다는 것은 우리 모두 잘 아는 사실이다.

역사가 전하는 대로, 이색을 죽음으로 몰고 갈 뻔했던 이는 삼봉 정도전이다. 그 역시 젊어서는 이색의 제자였다. 게다가 그 부친 정운경으로 말하자면 누구보다 이색을 아끼는 선배였다. 그러나 정도전은 지금 생각이 달라져 있다. 그는 고려왕조의 맥을 완전히 끊으려 한다. 그는 자신이 추진하는 토지제도 개혁에 반대하는 구귀족 세력을 제거하려고 한다. 그들의 정신적 지주인 이색에게도 철퇴를 가하자고 그는 말했다. 조선왕조 창업을 서두르던 삼봉에게는 예전의 개인적인 은원恩怨이 중요하지 않았다.

이색에게는 정말 불편하고 괘씸한 제자가 아닌가. 그러나 어찌겠는가. 정도전의 혀를 부드럽게 만들어두지 않으면 자신에게 장차 어떤 해가 미칠지 모르는 상황이었다. 고심 끝에 이색은 자신을 저버린 정도전에게 시 편지를 부친 것이다. 《목은시고》(제35권)에 실린 〈삼봉에게 부치다〉라는 글이 바로 우리가 방금 읽은 편지이다.

한때의 스승으로서 그리고 인생 대선배로서 이색은 부탁의 말을 하더라도 끝까지 품위를 유지하고 싶었다. 세사에 초연하며 당당하게 사는 선비의 자세를 보란 듯 유지할 수 있기를 바랐다. 고르고 고른 시어에는 이색의 고뇌가 배어 있다.

정몽주와 이색을 논해본다

세종은 언젠가 경연에서 역사적 인물들에 관하여 평가회를 가진 적이 있었다(세종 13년, 1431). 그때 왕은 정몽주의 충성심을 높이 평가했다. 그날의 논의에 참여한 문장가 권채는 자신이 듣기로 대학자 권근도 정몽주를 무척 존경했다고 증언하였다.

세종은 화제를 바꿔서 이색의 사무 능력은 어떠했는지 신하들에게 물었다. 신하들의 대답은 한결같았다. 그의 문장력은 놀라웠으나 행정 능력은 부족했다는 것이다. 그의 벗들이 말하기를 "그대는 강원도 안렴사를 맡는 것이 좋겠다"고 하였단다. 강원도는 복잡한 사무가 적은 곳이기 때문이었다.

세종은 신하들과 함께 이색의 또 다른 능력도 인정하였다. 공민왕에게 간언할 때 그가 시종일관 충직하였다면서 이색에게는 강

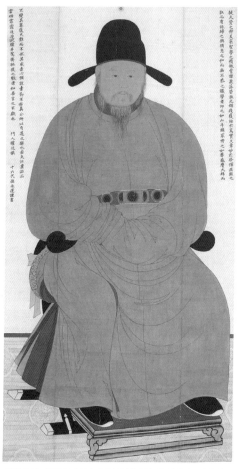

이색 초상. 이색은 이성계에게 출사할 것을 종용받았으나 끝내 거절하였다. (국립중앙박물관 소장)

직한 일면이 있었다고 평가했다.

또 세종은 화제를 근세로 옮겨 하륜과 권근을 비교했다. 하륜은 문장은 졸렬해도 재상으로 가장 우뚝하였고, 권근은 명문장가요 인품이 훌륭한 대학자였으나 태종이 평가했듯 관리로서는 자질이 부족하였다고 했다. 그런 권근이지만 태종 때 사병을 혁파하는 데 큰 공을 세웠다고 하였다.

세종 때의 공론에 비추어 보면, 당대 최고의 학자이자 문장가 이색과 그 제자 권근은 서로 비슷한 점이 많았다. 그들은 식견도 훌륭하고 글도 잘 지었으나 실무에는 재주가 부족하였다. 대체로 문장가는 행정 실무에 탁월한 경우가 매우 드물었다. 아마 동서고 금 어디에서나 똑같은 현상이 아니었을까 한다. 정몽주처럼 어느 모로 보든 흠잡을 데 없이 훌륭한 인물은 거의 없었다.

새 왕조가
새 문장가를 낳다

삼봉 정도전은 태종의 정치적 앞길을 가로막았다는 혐의를 받고 세상을 떠났다. 그러나 알고 보면 그야말로 새 시대의 문을 열어젖힌 문장가요, 선구자였다. 오늘날 역사가의 대다수가 그런 견해를 신봉한다. 그의 헌신이 없었더라면 과연 이성계가 왕조 창건의 꿈을 제대로 이룰 수 있었을지 의문이다. 정도전은 혼란의 시대가 배출한 명문장가이자 한 시대의 개막을 주도한 사상가였다.

선비답게 살리라는 다짐

대동강은 유유히 흐르네.

난주(아름다운 배) 띄워 중류를 가로지르네.

드높은 피리 소리, 노래도 터져나오는군.

손님 맞아 잔치하니 잔을 드리오리.

뛰어오르는 것은 잉어가 아닌가.

날아오도다, 흰 갈매기여.

연기 자욱하고 개울은 멀다오.

풀덤불 수북하니 꽃다운 섬 아니런가.

제철 경관을 바라보니 절로 즐겁다오.

돌아갈 시간도 잊고 배회하지요.

해는 저물어 서쪽으로 기울고

강물은 흘러갈 뿐 머물지 않으리.

기뻐하며 즐기다니 얼마 만인가.

내 가슴속에 숨은 시름 있다오.

오라, 청춘은 다시 오지 못하리니

늙음이 온다 한들 어찌 벗어날 수 있으랴.

높은 벼슬자리는 우연일 뿐이라오.

부귀는 본디 뜬구름과 같은 것.

군자에게 오직 소중한 것은 의리뿐.

그 이름 만고 천추에 남으리.

한 잔 술 높이 들어 서로 권할지니

(옛사람을 배우는 우리) 어찌 따르지 않을까 보냐.

江之水兮悠悠 泛蘭舟兮橫中流

高管激嘽兮歌聲發 賓宴譽兮獻酬

或躍兮錦鯉 飛來兮白鷗

煙沈沈兮極浦 草萋萋兮芳洲

覽時物以自娛兮 蹇忘歸兮夷猶

景忽忽乎西馳兮 水泫泫兮逝不留

曾歡樂之未幾兮 隱予心兮懷憂

嗟哉盛年不再至兮 老將及兮夫焉求

軒冕兮儻來 富貴兮雲浮

惟君子所重者義兮 名萬古與千秋

擧一杯以相屬兮 庶有企兮前修

구구절절 설명을 길게 보탤 필요가 없다. 봄날 대동강에 배를 띄워 꽃구경을 하며 하루 종일 벗들과 함께 유람을 즐기는 정도전의 모습이 의연하다. 천추에 길이 남을 의리 있는 선비가 되기를 약속하던 광경이 눈앞에 선연하다. 누구라도 꽃피는 젊은 시절에는 비슷한 경험을 했을 것도 같은데, 취업난이 심한 요즘도 과연 그런 기상이 있을지 모르겠다.

때는 득의得意의 시절, 자신의 꿈이 이뤄지리라는 확신이 있던 고려 말이었다. 정도전은 벗들과 함께 대동강에서 뱃놀이를 즐기며 의리의 가치를 설파하였다. 아마 젊은 날, 공민왕 때였을지 모르겠다. 〈강지수사江之水辭〉란 제목이 붙은 이 글은 《동문선》(제1권)에도 실려 있다.

삼봉 정도전은 특이한 선비였다. 젊은 시절, 그는 공민왕의 개혁 노선을 지지하며 사회를 근본적으로 바꾸고자 했다. 원나라에 매달리며 기득권을 유지하는 데 급급한 구귀족과는 입장이 달랐다. 그러나 공민왕의 때 이른 죽음으로 개혁은 좌절되었고, 정도전은 나주 지방으로 쫓겨나 외로운 귀양살이를 하였다. 그곳에서 농부들의 뼈저린 고통을 목격한 이후 정도전은 더욱더 과격한 개혁 사상가로 변신하였다.

백성이 정치의 근본이라는 성리학의 가치가 그의 생애를 이끌었다. 삼봉 정도전은 사찰 세력의 비리를 차단하고, 토지개혁으로 지주제를 철폐하려 했다. 전국 어디서든 자영농이 어깨를 펴고 사는 나라, 평민들도 과거 시험을 통해 국가 경영에 참여할 수 있는 능력 위주의 합리적 사회로 가는 것이 그의 소망이었다.

이런 꿈이 500년이나 된 고려의 낡은 체제 아래서 과연 실현 가능할까. 정도전은 깊이 의심하였다. 그러다가 점차 명확한 답이 보이기 시작했다. 외침外侵의 위기에서 나라를 구한 이성계라는 명장을 중심으로 새 나라를 건설하는 것이었다. 그럼 모든 것이 달라지리라 확신했다.

우왕 14년(1388) 이성계는 요동을 정벌하라는 조정의 명령을 거부하고 위화도에서 군사를 돌렸다. 그는 개경으로 돌아와 권력을 장악했다. 삼봉 정도전은 남은, 조준 등 조정의 개혁 세력과 연대하여 역사의 방향을 틀었다. 그들은 고려를 무너뜨리고 조선왕조를 창업했다.

한 사람의 선비로서 정도전에게 가장 중요한 가치는 무엇이었을까. 그것은 바로 '의리'였다. 그의 대답은 앞에서 읽은 시에서도 확인할 수 있다. 그뿐만 아니라 많은 성리학자에게 의리란 핵심적인 가치였다. '의리지학義理之學', 곧 의리를 연구하는 학문이라는 표현은 성리학을 가리키는 또 다른 명칭이었다. 정도전이 시에서 읊지 않았던가. "군자에게 오직 소중한 것은 의리뿐. 그 이름 만고천추에 남으리." 이때 의리는 우리가 막연히 생각하는 조직에 대한 무조건적 충성과는 다르다. 시비를 가려 옳은 일에 목숨을 거는 것이 의리이다. 맹자가 역성혁명易姓革命을 주장한 이래 정도전과 같은 선비들에게는 부패하고 무능한 왕조를 쓰러뜨리는 것이 백성을 위해 옳은 일이었다.

삼봉, 역사책으로 조선왕조의 장래를 축복하다

태조 1년(1392) 7월 17일, 이성계가 옥좌에 앉았다. 그해 10월, 정도전은 고려왕조의 역사를 정리하기 시작했다. 편찬 작업은 2년 넘게 걸렸고, 태조 4년(1395) 1월에 드디어 책이 완성되었다. 이 책에《고려국사》라고 이름을 붙였다. 태조는 매우 기뻐하며 또 다른 문장가 권근에게 자신의 교서를 대신 짓게 하였다.

양촌 권근은 정도전의 후배로 목은 이색의 제자이기도 하였다. 학문과 문장에 출중했던 권근은 태조와 태종의 이름으로 발표한 교서를 많이 지었고, 중국에 보낸 외교문서 대부분도 작성하였다. 또 당대의 중요한 학문적 성과를 평가하는 수고도 아끼지 않았다.

태조의 교서에서 권근은 고려왕조의 역사를 정리하느라 애쓴 정도전의 공적을 기렸다(서거정, 《동문선》, 제24권, 권근의 〈교판삼사사정도 전教判三司事鄭道傳〉). 권근은 우선 전 왕조의 역사를 쓴 이유를 두 가지로 요약했다. 첫째는 새 나라의 전장典章, 즉 문물과 제도를 갖추기 위해 필수적인 일이며, 둘째는 후세에 교훈을 남기는 작업이라 하였다.

이어서 권근은 고려사 편찬의 애로를 말하였다. 500년 고려의 역사를 정리하는 것은 쉬운 일이 아니었다. 기록이 비교적 충실한 시대도 있으나 결핍되고 왜곡된 시대도 적지 않았다. 역사에 여간 조예가 깊은 사람이 아니면 마칠 수 없는 어려운 과제라고 하였다. 옳은 말일 것이다. 정도전과 같은 인재가 아니면 불가능한 일이었다는 점을, 권근은 다음과 같이 설명하였다.

그대로 말하면 학문은 경사經史에 정통하였고, 지식은 예와 오늘을 꿰뚫었다. 정정당당한 의논은 모두 성현의 가르침을 토대로 삼았고, 인물의 선악을 밝힐 때는 반드시 충사忠邪의 취향을 분별하였도다.

권근은 정도전의 학식과 판단력을 추어올리고 왕조 창건에 이바지한 정도전의 업적을 칭찬하였다.

그대는 나를 도와 나라를 열었으니 큰 공을 세웠도다. 아름다운 지혜는 정교政教의 시행을 돕는 데 족하고, 웅장한 글솜씨는 제작制作의 책임을 맡길 만하다. 온화하구나, 유자儒者의 기상이여. 준수한 대신의 풍도를 다시 보노라.

또 권근은 《고려국사》의 장점이 무엇인지 평가하였다. 문체가 소박한 듯하여도 고상하고 아취가 있다고 했다. 서술은 간단명료하지만 역사적 평가는 한쪽으로 치우치지 않아 믿을 만하다고 보았다. 한마디로 《고려국사》를 극찬하였다.

하지만 2년 후, 뜻밖의 불행이 정도전을 찾아왔다. 태조가 말자末子 방석에게 왕위를 물려주기로 결정하자 왕자들 사이에서 분란이 일어났다. 가장 기민한 다섯째 왕자 방원이 거사를 일으키기에 알맞은 때를 엿보아 마침내 변란을 일으켰다. 그는 이복형제인 방번과 방석을 한꺼번에 몰살하고, 정도전과 남은, 심효생 등을 제거했다. 이방원이 주도한 이른바 '왕자의 난'(태조 7년, 1398)이었다.

이후 정도전이 편찬한 《고려국사》에 대해서도 비판이 일어났다. 변계량이 먼저 포문을 열었고, 태종에게서 왕위를 물려받은 세종은 고려사 수정 작업을 시작했다. 세종은 그 자신이 역사에 해박하여 재위 중 《자치통감훈의》라는 방대한 책자를 교열할 정도였다. 세종 즉위년(1418) 12월 25일, 왕은 경연에서 정도전의 《고려국사》를 이렇게 평하였다.

《고려사(고려국사)》에 기술된 공민왕 이후의 역사는 정도전이 들은 바를 보태서 쓰거나 함부로 깎아버린 것이다. 사신史臣이 바친 본래의 초고와 다른 곳이 매우 많았다. 어찌 후세에 (고려의 역사를) 제대로 전할 수 있겠는가. 이 책은 없는 것만 못하다.

이 한마디로 정도전의 《고려국사》에 대한 사망 선고가 내려졌다. 요즘 식으로 말해, 정도전의 고려사 서술은 근현대사 부분에 문제가 많다는 견해였다. 따라서 세종은 사실에 충실한 객관적인 역사 서술을 주문했다. 편찬 작업이 수월하지 않아 우여곡절 끝에 문종 1년(1451)에야 《고려사》가 완성되었고, 그 이듬해에는 《고려사절요》도 빛을 보았다. 그러나 따지고 보면 이런 책들도 정도전의 《고려국사》를 토대로 한 것이다.

삼봉 정도전, 새 나라를 설계하다

정도전에게는 여러 가지 장점이 있었다. 그 가운데서도 가장 큰 미덕은 체계적인 사회 개혁론을 주장한 것이라고 생각한다. 현대의 역사가들이 수긍하듯, 정도전은 새 왕조를 설계한 이, 즉 조선 건국의 설계사였다. 그는 조선의 통치 철학을 세웠고, 그에 적합한 제도와 조직을 구상하였다. 그 결과는 《조선경국전》으로 정리되어 태조 3년(1394) 왕에게 헌정되었다. 이 책은 조선왕조의 헌법

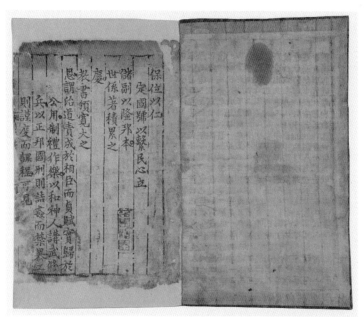

《조선경국전》은 비록 정도전의 사찬私撰이지만 조선의 기본 법전인 《경국대전》의 모체가 되었다.
(수원화성박물관 소장)

초안인 셈이었는데, 오랜 숙의를 거쳐 70년도 더 지난 성종 7년
(1476) 《경국대전》으로 마무리되었다.

또 정도전은 《경제문감》이라는 경세서經世書를 저술했다. 거기서
그는 조선 사회를 어떤 원칙에 따라 편성할지 광범위하게 논의하
였다. 어떤 연구지는 조신왕조가 고려왕조가 무너진 다음 전적으
로 새롭게 일어난 국가가 아니라고 주장하는데, 그것은 잘못된 판
단이다. 《경제문감》의 서문만 읽어보아도 정도전이 고려왕조와는

근본적으로 다른, 새로운 국가를 세우고 있었다는 점을 확인할 수 있다. 서문은 그의 문집 《삼봉집》에도 실려 있고, 《동문선》(제89권)에도 〈경제문감후서經濟文鑑後序〉라는 제목으로 수록되어 있다.

정도전은 격무에 시달리면서도 중국과 한국의 역사적 문헌을 최대한 비교·검토하였다. 백성 중심의 나라를 세우는 데 가장 바람직한 제도를 만들기 위해서였다. 이른바 바람직하다는 것의 기준은 무엇일까. 물론 성리 철학이 그것이었는데, 정도전은 국가권력의 견제와 균형을 중시하였다.

크게 보아 임금이 원수라면 재상은 임금을 위해 가부를 논하는 자리이므로 임금의 복심腹心이다. 대간과 감사는 임금을 위해 규찰糾察하므로 임금의 귀와 눈이요, 부위府衛와 수령은 (왕의) 명령을 받들어 교화를 선양하고 방어하는 임금의 조아爪牙(적의 습격을 막고 임금을 호위하는 신하) 또는 수족이다. 만약 사람이 사지 가운데 하나라도 없으면 사람 노릇을 하지 못하듯, 나라에 (앞서 거론한) 그 관직이 하나라도 없으면 나라가 될 수 없다.

정도전은 덕으로 다스리는 정치[德治]를 추구했다. 그가 제안한 정치제도는 어느 것이나 덕치주의를 구현하는 구체적인 방법이었다. 따라서 모든 정치제도는 성리학의 덕목에 부합해야 했다. 정도전은 그 점을 구체적으로 설명하기도 했다. 즉 재상부터 각 고을에 파견될 지방관에 이르기까지 모든 관리는 성리학으로 철저히 무장하라는 주문이었다. 이것은 한시도 포기할 수 없는 절대 도덕이요, 지상至上의 가치라고 하였다. 《경제문감》은 성리학적 도덕에 초점을 맞추어 쓴 책이다. 정도전은 그 점을 다음과 같이 설명하였다.

사람마다 재주는 밝고 어둡고 강하고 약한 차이가 있고, 세도世道는 맑고 흐리고 높고 낮은 차이가 있다. 그러므로 어리석고 불초한 사람도 사이사이에 끼고, 어질고 지혜 있는 이가 자신의 포부를 펴지 못하기도 하며, 직책과 임무를 제대로 수행하지 못하고 자리가 비어서 탄식 소리가 들리기도 한다. 만약 재상이 적임자가 아니라면 서둘러서 어진 이를 구해 그 자리에 임명해야 한다.

만약 대간이 직무를 다하지 못하면 마땅히 유능한 이를 찾아서 그 직책을 맡겨야 한다. 어찌 한 사람 때문에 보좌하는 권위를 경솔히 하고, 풍기風紀의 임무를 그만둘 수 있을까. 부위, 감사 그리고 수령도 모두 마찬가지이다.

인체에 비유하면 마음은 생각하는 것을 담당하고, 귀는 듣는 것을 맡고, 눈은 보는 것을 담당한다. 그러므로 마음이 구실을 다하지 못하면 당연히 그것을 다스려 더욱 맑고 밝게 하여 반드시 생각하게 해야 한다. 귀가 들리지 않고 눈이 제대로 보이지 않으면 마땅히 귀와 눈을 다스려서 더욱 총명하게 만들어 반드시 듣고 보는 실상을 이뤄야 한다.

생각을 제대로 하지 못한다는 이유로 마음을 없애거나, 듣지 못하고 보지 못한다고 해서 귀와 눈의 총명을 포기할 수 없다. 이 또한 반드시 염두에 둘 일이라서 여기서 함께 기록한다.

정도전은 비명에 세상을 등졌으나, 그의 정치적 신념은 조선 초기에 대체로 구현되었다. 정도전은 과거제도를 통해 도덕을 이해하고 실천하는 인재를 선발하려고 하였다. 알다시피 고려 시대에는 굳이 과거 시험을 거치지 않고서도 집안만 좋으면 얼마든 고위직에 진출했다. 그러나 정도전이 설계한 조선은 그런 나라가 아니었다. 중요 직책은 반드시 과거 시험을 통해 뽑은 인재에게만 주었다. 또 인재를 널리 뽑기 위해 공립학교를 혁신하였다. 평민이라도 능력만 있으면 전국 어디서든 학자금을 걱정하지 않고 교육받을 수 있게 되었다.

짧은 지면에서 상세히 설명하기는 어렵다. 그렇지만 한 가지 사실은 명확히 말할 수 있다. 정도전은 극소수 특권층이 나라의 모든 자원을 독점하는 폐쇄적인 귀족 국가를 청산하고자 하였으며, 조선 초기에는 그 이상에 공감하는 사람이 많았다. 그리하여 고려 시대와는 다른, 새로운 세상이 열렸다.

정도전을 위한 변명

문헌을 살펴보면 정도전은 몸집이 비대하였고 중후하면서도 온화한 대인의 풍모를 지닌 사람이었다. 그는 포부가 광대하고 결

문장의 시대, 시대의 문장

단력 있는 인물이었다. 또한 식견이 깊었고 문장력도 웅혼하였다. 이는 권근이 쓴 글에 자세히 나와 있다(서거정, 《동문선》, 제51권, 권근의 〈삼봉선생진찬三峰先生眞贊〉 참조).

후세 학자들은 마치 권근과 정도전이 사상적으로 대립한 것처럼 오해하기 일쑤이다. 권근이 이색의 학풍을 이어받았으므로 스승을 버린 정도전을 혐오하였다는 주장이 널리 퍼져 있다. 그러나 그렇게만 볼 일은 아니다. 권근은 정도전의 학문적 입장을 계승하여 불교를 비판하고 성리학의 중요성을 강조하였다. 새로 창건된 조선이란 국가의 문물제도를 확립하기 위해 적극적으로 노력했다는 점 또한 정도전을 계승하였다고 평가할 수 있다.

그렇지만 정도전의 역할을 오해한 이가 많았던 것도 사실이다. 그들은 태조 이성계가 말자인 방석을 후계자로 지명한 배경에는 정도전의 입김이 컸다고 보았다. 과연 사실이었을까. 내가 역사 기록을 검토해보았더니 방석을 후계자로 고집한 이는 태조 자신이었다. 당연한 일이겠으나, 그 배후에는 태조의 계비 신덕왕후 강씨가 버티고 있었다. 정도전과 조준, 배극렴 등 원로 대신들은 '공이 가장 큰 왕자', 즉 이방원을 후계자로 밀었다. 그러나 그들은 신하로서 태조의 강력한 의지를 꺾을 수 없어 방석을 왕세자로 받아들인 것뿐이었다(《태종실록》, 제9권, 태종 5년 6월 27일, 〈영의정부사 평양 부원군 조준의 졸기〉 참조).

물론 조선 시대에도 정도전의 능력과 업적을 호평하는 지식인이 있었다. 허균은 평소 정도전을 흠모하여 현인이라고 칭찬하였으며, 우리나라의 시문을 뽑을 때도 정도전의 시를 가장 앞머리에 실었다(《대동야승》, 〈광해조일기 3〉). 어디 허균뿐이었겠는가. 정도전의 문집 《삼봉집》은 내내 인기가 높았다. 태조 6년(1397) 정도전이 사망하기 1년 전, 그 문집은 두 권으로 간행되었다. 두 세대가 지난 세조 대, 정확히 말해 세조 11년(1465)에는 정도전의 증손이 옛 문집을 보완해 6책으로 증보 간행하였다. 20여 년 뒤인 성종 17년(1486)에는 8책으로 더욱 증보되었다.

현재 남아 있는 《삼봉집》은 그로부터 300년이 또 지난 다음에 더욱 확대해서 간행한 것이다. 정조는 정도전의 업적에 깊은 관심을 가졌다. 그리하여 정도전의 문집을 재간행하라고 명령했다. 정조 15년(1791)의 일이었다. 그 덕분에 《삼봉집》은 14권 7책의 규모를 자랑하는 문집으로 거듭났다. 비록 글을 통해서지만 문장가이자 경세가經世家인 정도전의 업적은 후세에 전해졌다. 뜻이 담긴 훌륭한 문장은 세월이 아무리 흘러도 쉽게 사라지지 않는다.

요컨대 삼봉 정도전에 관한 후세의 평가는 이중적이었다. 한편에서 그는 근거 없이 함부로 매도되었다. 태종 이방원이 왕위에 오르기 위해 그를 흉악한 '역적'이라고 지목했기 때문이다. 역대 왕들은 태종의 후손으로서 감히 조상의 그러한 판단에 이의를 제기하지 못했다. 그러나 다른 한편으로, 왕조 창업에 끼친 정도전의 공헌과 경세가로서 그의 역량은 부정하지 못했다. 태종만 하더라도 정도전의 저작을 조금도 훼손하지 않았고, 재위 말년에는 그의 아들을 다시 조정에 불러들였다. 정도전 일가와 화해를 꾀한 것이다.

정도전의 업적에 관해 왕조 차원의 재평가가 공식적으로 나온 것은 대원군 시절이었다. 경복궁 재건을 계기로 대원군은 그에게 문헌文憲이란 시호를 주었다. 또 고종에게 친필로 '유종공종儒宗功宗'이라는 현판을 쓰게 했다. 선비로서도 으뜸이요, 나라를 위해 세운 공적도 으뜸이라는 뜻이다. 대원군은 번듯한 이 현판을 정도전의 사당에 걸었다. 이처럼 공식적인 복권은 늦어졌으나, 오랜 세월 동안 정도전의 후손은 양반의 지위를 잃지 않았고, 벼슬길에 나가는 데도 아무런 지장이 없었다. 그러니 정도전 일가에 대한 조정의 대우가 야박했다고 보기도 어렵다.

세종대왕이 기른

실용적 문장가

문장 강국을 일으키고자 한 왕이 있었다. 그의 문장입국文章立國
은 집현전을 중심으로 실현되었다. 이 기관은 고려 때도 잠시 설
치되었고 과거 중국에도 존재한 적이 있었으나, 그때는 왕립 도서
관에 불과하였다. 그러나 세종의 집현전은 달랐다. 왕은 이곳에서
인재를 길러 국가의 운명을 적극적으로 개척했다. 연구와 개발로
국책 사업을 추진한 비밀 병기, 그것이 세종의 집현전이었다.

  왕이 나라를 부흥시킬 방도를 진지하게 모색했음은 누구나 안
다. 우리가 잘 몰랐던 사실은 그가 '문장'의 힘에 큰 기대를 걸었
다는 점이다. 정치·문화·외교적 업저은 무엇이든 글쓰기를 토대
로 삼기 때문에, 세종은 문장의 힘을 절감하였다. 집현전에 선비
를 모아 기르자 곧 인재가 쏟아져나왔다.

15세기의 문화 비평가 성현은 그때 가장 많은 문장가가 양성되었다고 평가했다(성현,《허백당집》, 문집 제13권, 〈문장의 변화[文變]〉). 그 말이 옳다. 세종 때는 실로 많은 문장가가 활동했는데, 후세가 가장 주목한 이는 5인의 학사였다. 성삼문을 비롯하여 하위지, 유성원, 이개, 박팽년이다. 이들은 '사육신'으로 단종을 위해 순절하였다.*

성삼문과 박팽년의 선배와 동료 중에도 물론 명문장가가 많았다. 권채와 남수문이 빼어났고 윤회, 설순, 정인지, 박연, 정초 및 신숙주도 탁월한 문장가였다.

나는 많고도 많은 문장가 중에서도 권채權採(1399~1438)와 취금헌醉琴軒 박팽년朴彭年(1417~1456)에 주목하였다. 그들이야말로 세종이 추구한 실용적 글쓰기의 대가였다고 생각한다. 특히 박팽년은 다양한 문장 장르를 넘나들며 발군拔群의 기량을 발휘하였다. 오늘날에는 거의 망각된 역사적 사실이다.

문장가를 양성하라는 세종의 명령

좋은 글을 쓰려면 어떤 방법이 있을까. 세종은 오랫동안 이 문

---

* 사육신에 포함되는 또 다른 인물로 유응부가 있는데, 그는 기개 있고 용감한 무신이었다.

제를 고심했다. 그러고는 마침내 해결책을 발견했으니, 믿을 만한 문장 교본을 만들어 철저히 학습하는 것이었다. 세종은 신하들의 의견을 모아 당나라의 문장가 한유와 유종원柳宗元을 스승으로 정했다. 두 사람은 송나라의 성리학자들이 흠모한 당송팔대가唐宋八大家에 속하였는데, 고문古文의 대가로 불렸다. 두 사람은 평생 깊은 우정을 지키며 살았다고도 전한다. 한유의 장기는 산문이었고 유종원은 시에 능통했다. 세종은 만약 집현전 학사들이 두 사람의 글을 모두 모아 철저히 해부하고 속속들이 익힌다면 훌륭한 문장을 짓게 되리라고 확신하였다. 그리하여 세종 20년(1438) 11월 30일, 왕은 집현전 학사들에게 특명을 내려 한유와 유종원의 문헌[韓柳文]에 주석을 달아 교본을 편찬하라고 명령하였다.

왕은 문장가를 양성하기 위해 진즉에 또 다른 방안을 마련하였다. 문장에 재능이 있는 젊은 학사를 선발해, 요샛말로 '연구년'을 주는 거였다. 조선 시대에는 이를 '사가독서賜暇讀書'라고 불렀다. 공무를 면제해주고 독서와 글짓기에 전념하게 하는 제도이다.

실록과 그 밖의 여러 자료에서도 확인되듯, 세종은 집현전 부교리 권채 등 3인을 불러 이렇게 말했다. "내가 듣건대, 그대들은 나이도 젊고 장래가 유망하다고 한다. 지금부터는 벼슬을 잠시 쉬고 안정을 취하며 독서에 전심해 큰 성과를 얻기 바란다. 독서하는 방법은 대제학 변계량의 지도를 받으라." 그리하여 학사들의 공부가 크게 이루어졌고 문장력도 눈에 띄게 향상되었다.

변계량은 이미 태종 시기부터 기회가 있을 때마다 인재 양성의

독서당계회도讀書堂契會圖. 사가독서제는 세조 때 집현전과 함께 폐지되었지만 성종 때 부활했고, 이후 시행과 중단을 반복하다가 영조 때 완전히 폐지되었다. 중종 때는 제도를 활성화하기 위해 독서 공간인 독서당을 설치하기도 하였다. (서울대학교박물관 소장)

문장의 시대, 시대의 문장

중요성을 강조하였다. 마침내 세종이 그 의견을 수용해 권채 등에게 3~4년 동안 성리학 공부에 집중할 시간을 허락한 것이었다.

결과적으로 경학과 문장에 정통한 학자를 키워 국가 경영에 공헌하기를 바란 세종의 목적은 이루어졌다. 과연 남수문과 권채 등은 사가독서를 통해 대문장가로 성장하였다.

긴 흐름에서 보면 세종은 '문장 강국'의 꿈을 이루었다고 평해야 맞다. 국가에 필요한 실용 학문의 여러 분야에 유능한 저술가가 많아졌기 때문이다. 품위도 있고 내용도 충실한 교서教書를 작성할 인재도 넉넉해졌다. 전무후무한 일이었다. 뒷날 선조 초년에도 문예가 흥하였고, 영조와 정조 때도 각종 편찬 사업이 활발히 이루어지기는 하였다. 겉으로 보면 세종 때와 비슷한 점이 있으나, 깊이 따져보면 문장가의 수준이 달랐고 수적으로도 비교 대상이 아니었다.

알다시피 세종 때는 군사, 음악, 천문학, 음운학, 농업, 의학과 약학 등 전인미답前人未踏의 경지에 이른 새로운 분야의 전문가가 즐비했다. 그들이 펴낸 책의 내용도 풍부했고, 당시 수준에서 보면 어느 나라와 견주어도 손색이 없었다. 15세기 전반, 집현전 출신 문장가들은 왕을 도와 실용성과 창의성이 돋보이는 문화를 개척하였다.

권채, 세종이 키운 첫 번째 문장가

세종이 기른 최초의 문장가는 권채라고 생각한다. 그는 왕명으로 교서도 많이 지었고 책의 서문도 여럿 남겼다. 서문 가운데는 세종이 재위 중 가장 역점을 둔 분야, 즉 내가 '성리학적 전환'이라고 말하는 분야의 것도 있다. 간단히 설명해보겠다.

통념과는 달리 조선 초기까지도 이른바 삼강三綱에 철저한 일상생활은 거의 없었다. 알고 보면 세종이야말로 충효열忠孝烈의 실천을 가장 고집스럽게 강조한 우리 역사상 최초의 통치자였다. 30여 년에 걸친 그의 정력적인 노력 덕분에, 조선은 성리학 규범이 지배하는 새로운 사회가 되었다.

《삼강행실도》의 간행은 세종의 통치가 성리학적 전환을 목표로 삼았다는 사실을 웅변한다. 권채는 바로 그 책의 서문을 쓸 정도로 세종에게 중요한 문장가였다. 글에서 권채는 《삼강행실도》가 필요한 이유를 사상적으로 검토하였다. 그는 교육의 혜택이 고루 미치지 않던 시대적 한계에도 평범한 남녀 백성들에게 삼강의 중요성을 일깨우고자 하는 왕의 의지를 기록하였다. 이 책에는 삼강을 몸소 실천한 여러 사례를 소개하고 그림을 곁들여 백성의 이해를 도왔다. 배우지 못한 사람들은 그림만 봐도 마음속에 느끼는 바가 있기를 바랐던 것이다. 또 왕이 《삼강행실도》 편찬을 누구에게 맡겼고, 그 편찬 과정은 구체적으로 어떠하였으며, 이 책을 언제 어떻게 인쇄하였는지도 기술하였다. 간단히 말해 《삼강행실도》는 설순

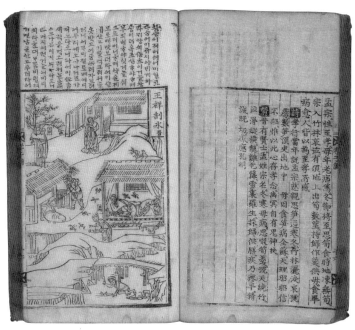

《삼강행실도》. 성종조에 유교 윤리를 더욱 장려하기 위해 한글 언해본을 간행했고, 이후 19세기까지 약 500년간 지속적으로 간행·보급되었다. (국립중앙박물관 소장)

의 책임 아래 조정 대신과 문신들이 참여하여 무려 330명이나 되는 충신, 효자, 열녀의 이야기를 정리한 것이다. 일종의 집단 저술이었다.

세종은 이처럼 중요한 책의 서문을 다름 아닌 권채에게 부탁하였다. 왕의 신뢰가 컸음을 충분히 짐작할 수 있다. 권채의 글을 읽노라면, 어떤 임금이 나라를 어떻게 다스리느냐에 따라 세상은 크게 달라지는 것 같다.

여기서 한 가지 물음이 떠오른다. 세종은 왜 삼강의 실천을 그토록 강조하였을까. 실록을 읽어보면 구체적인 계기를 발견할 수 있다. 세종 10년(1428) 경상도 진주에서 끔찍한 사건이 일어났다. 어느 백성이 아버지를 살해한 것이다. 임금은 깜짝 놀라 "이것은 내가 부덕한 결과이다. 대신 허조가 늘 상하의 분수를 엄격히 세우라고 권하였는데, 과연 그의 말이 옳다"라고 하였다. 그러자 대신 변계량이 제안하기를, "《효행록》과 같은 서적을 편찬해 반포하면 시골의 무지한 백성도 효도와 우애를 숭상하게 될 것"이라고 하였다. 왕은 그 말을 옳게 여겨 역사에 밝은 신하 설순에게 중국의 《효행록》을 개정하여 한 권의 책으로 만들게 하였다.

《삼강행실도》는 바로 그 연장선상에 있었다. 권채가 자신의 서문에도 썼듯 배움이 없는 먼 시골의 백성도 쉽게 이해할 수 있도록 우선 그 행적을 그림으로 그리게 하고 사적을 멋진 시로 설명한 것이다.

한 가지 특기할 점은 바로 이 책에 고려 충신 정몽주의 행적을 포함했다는 사실이다. 이미 태조 때부터 조선의 지배자들은 정몽주를 충신으로 인정하였는데, 세종이 정몽주의 충절을 더욱 널리 알린 것이다. 참으로 정직하고 용감한 결단이다. 그런데 뒤집어 보면, 세종은 조선왕조의 정치적 안정성을 믿어 의심치 않았다는 뜻도 된다.

문제의 인물 권채

왕의 총애를 받은 문장가 권채는 누구일까. 권별이 쓴《해동잡록》(제6권)에 그의 전기가 실려 있다. 권채는 대학자 권보의 현손玄孫이요, 권근의 조카로서 당대 최고의 명문가 자제였다. 어려서부터 성리학에 밝아 칭찬이 자자했다. 그는 권근의《입학도설入學圖說》(학문을 시작함)을 토대로《작성도作聖圖》(성인이 되는 길)를 지어 군자가 되는 길을 자신의 언어로 표현하였다.

권채는 공자를 비롯하여 증자, 자사, 맹자의 설을 종횡무진으로 인용하였고, 정자와 주자의 논리를 적극 수용하였으며, 심성心性에 관한 설명은 권근의 가르침을 따랐다. 이처럼 그는 경학에도 밝은 문장가였다. 그런 이유로 세종은 여러 문신을 마다하고 권채에게《삼강행실도》의 서문을 부탁한 것이다.

그러나 권채의 행실은 어떠하였던가. 상당한 허물이 있었다. 세종 9년(1427) 9월 3일 자 실록을 보면 뜻밖의 사실을 알게 된다. 권채는 집안을 다스리는 데 실패하였다. 그의 아내 정씨가 권채의 비첩婢妾을 학대해 세상의 비난을 받았다. 조금 더 자세히 설명하면 이랬다.

의금부가 왕에게 권채 일가를 수사한 결과를 보고했는데, 그 내용이 끔찍하다. 권채는 기정에서 말썽이 일어나자 비첩 덕금에게 쇠고랑을 채워 집 안에 가두었다. 그런데 아내 정씨는 덕금을 질투하여, 머리털을 자르고 똥을 먹이고 항문을 침으로 마구 찌르는 등 도를 넘는 학대를 했다. 끼니도 제대로 주지 않았다. 이렇게 여러 달 동안 가혹 행위를 하여 덕금이 죽다시피 하였다. 스캔들이라면 엄청난 스캔들이요, 대형 범죄라고 보아도 무리가 없는 흉악한 사건이었다.

그러나 세종은 권채를 버리지 않았다. 왕은 명문가의 후손이자 재능과 학식이 풍부한 그를 국가의 동량棟樑으로 여겼다. 후세의 왕들은 홍문관의 유능하고 젊은 관리들에게 휴가를 주어 마음껏 글을 읽게 하였다. 그 풍습은 세종 때 사가독서제로 처음 시작되었고, 첫 번째 수혜자가 바로 권채였다. 그들 선비가 독서하던 곳, '독서당'의 유래를 적은 〈독서당기讀書堂記〉에 언급되어 있는 엄연한 사실이다.

그러나 권채는 명이 짧았다. 겨우 40세에 갑자기 죽고 말았다. 세종 20년(1438) 5월 10일이었다. 벼슬은 이미 승정원 우승지였다. 실록의 졸기卒記(간단한 인물평)에 쓰기를 "시문詩文을 모두 잘하여 권제權踶(권채의 사촌 형)와 더불어 과거 시험관을 역임하였다"라고 했다.

문장가 권채에 관하여는 또 한 가지 흥미로운 일화가 전한다. 서거정의 《필원잡기》에 나오는 이야기이다.

권채는 문장으로 세상에 널리 알려졌으나 일찍 죽었다. 그러자 장군 김자웅金自雄이 무척 애석해하였다. (의정부) 사인 박이창朴以昌(문신)이 그에게 이렇게 말하였다. "그대는 문장을 맡을 인재가 없다는 걱정

문장의 시대, 시대의 문장

을 하지 마오. 권지재(권제)가 없으면 남수문이 맡을 것이고, 남수문이 죽으면 내가 또 있지 않소. 나마저 죽고 말면 장군이 남아 있지 않소. 어찌 권채가 일찍 죽었다고 근심하시오." 이 말에는 문장력이 날로 떨어진다는 뜻이 은연중에 드러난 것 같다.

이로 미루어 보아 15세기 인사들은 당대의 남수문보다도, 아니 다른 어느 인물보다도 권채의 문장력을 높이 평가했다는 점을 알 수 있다.

도덕지상주의자 박팽년

글재주가 탁월했던 취금헌 박팽년은 아까운 인재였다. 그는 단종에게 충성을 바치느라 세조의 손에 죽었다. 그러나 세조 역시 그를 살리려고 했다. 《연산군일기》를 보면, 연산군 4년(1498) 7월 12일 무오사화 때 유자광이 사초 건으로 사림파의 중심인물 김일손을 심문하는 장면이 한 장의 풍경 사진처럼 펼쳐진다. 김일손은 여러 가지 증언을 하였는데, 내게 흥미로운 대목이 하나 있다. 세조가 박팽년의 재주를 아깝게 여겨 신숙주를 보내 회유를 시도하였으나 끝까지 마음을 바꾸지 않고 형장으로 나아가 죽었다는 내용이다. 김일손은 이미 직고한 진사 최맹한에게 이런 이야기를 들었나고 말했다. 거짓일 리 없는 역사의 증언이다.

취금헌이 쓴 글 한 편을 소개하고 싶다.《박선생유고》에 실린
《명황계감明皇誡鑑》의 서문이다.《동문선》에도 수록된 글이다.《명
황계감》이란 책은 일반인에게는 낯설지만 한 권의 독립된 책자로
세종의 명에 따라 편찬되었다. 나중에 한글로 옮긴 언해본도 지금
껏 남아 있다. 이 책의 탄생 경위는 이긍익의《연려실기술》(제3권)
에 실린 〈찬술纂述과 제작制作〉이란 글에 자세히 나와 있다.

간단히 말해 세종은 명황明皇, 곧 당나라 현종과 양귀비의 스캔
들을 그림으로 그리고, 그에 관한 선유先儒의 시와 논평을 붙여 자
신을 경계하고 후세에도 그런 경계의 뜻을 전하고 싶었다.

명황(당나라 현종)도 개원開元 초에는 마음을 가다듬고 정치에 힘써, 요
숭姚崇과 송경宋璟을 재상으로 삼고 비단을 대궐 앞에서 불살랐습니
다. 그 마음이 명철했던 것이 사실이었습니다. 그러나 평화가 오래
이어지자 사치를 좋아하는 마음이 싹트기 시작하였고, 양귀비에게
홀려 방탕한 생활로 세월을 보냈으며, 다섯 양씨楊氏를 유난히 총애
하여 해독害毒이 천하에 널리 퍼지고 말았습니다. 또 안녹산安祿山을
양자로 삼아 궐내를 더럽히는 지경이 되어 결국 자신은 도망치고 나
라까지 잃게 되었는데도 (무슨 연유인지를) 알지 못하였습니다. 어찌 그
렇게도 깊이 현혹될 수 있었겠습니까. 털끝만 한 차이가 천 리로 벌
어진다는 말씀은 바로 이런 일을 가리킨 것입니다. … 예로부터 음탕
한 사람은 '안방에서 은밀히 벌이는 일을 세상이 어찌 알랴'라고 짐
작하면서 자기 멋대로 (잘못을) 자행하고 반성할 줄 모르는 법입니다.

문장의 시대, 시대의 문장

〈신대新臺〉와 〈장유자墻有茨〉 같이 음탕한 시를 성인(공자)이 《시경》에 실어둔 까닭이 무엇이겠습니까. 후세에 나쁜 짓을 하는 사람들에게 비록 은밀한 집 안에서의 일이라도 영영 드러나지 않는 경우는 없다는 사실을 알게 한 것입니다. 그처럼 훈계하는 뜻이 매우 깊다고 생각합니다. 따라서 이 글이 어찌 후세 천만 대에 이르기까지 교훈[誡鑑]이 되지 않겠습니까. 나중에 이 글을 읽는 이는 결코 소홀함이 없어야 할 것입니다.

세종은 집현전의 여러 학사를 물리치고 하필 박팽년에게 《명황계감》의 서문을 쓰게 하였다. 글도 빼어나려니와 언행도 가장 방정方正하다고 여겼기 때문일 것이다. 박팽년은 서문 첫머리에서 군주의 성적 문란이 나라를 패망으로 이끈다는 일반론을 폈다. 사람의 마음[人心]이란 여차하면 삿되기 쉬워서, 겉보기에는 별문제 없어 보이는 자그만 실수도 제때 손보지 않으면 마침내 파탄을 낳기 때문에 철저히 단속해야 한다고 보았다. 성리학의 인심도심설人心道心說을 그 자신의 언어로 설명한 것이다. 박팽년은 이런 관점을 초지일관 유지했던 것 같다. 그랬기에 동료 신숙주를 통해 들려오는 세조의 달콤한 회유도 뿌리치고 죽음으로 직행한 것이 아니었던가. 충신의 안타까운 종말이었다.

그러나 후세에도 한 가지 위로는 있다. 충신 박팽년에게는 과연 충복忠僕(충성스러운 하인)이 있었다. 일점혈육이 그 하인의 보호로 살아남아 가문의 명맥을 잇게 된 것이다. 세월이 한참 흐른 뒤 그들은 자신들의 존재를 조정에 알려, 마침내 충신 박팽년의 후사임을 밝히고 떳떳이 대를 이을 수 있었다. 선조에 이어 영조도 시골에 묻혀 지내던 박팽년의 후손을 찾아서 벼슬을 주고 그들의 어려운 처지를 위로하였다.

문장은 국가 경영의 토대

세종은 실용적인 문장가를 기르고자 노력을 기울였다. 중국에서 필요한 서적은 아낌없이 수입하였고, 주자소를 통해 좋은 책도 언제든지 간행하였다. 또 유능한 젊은 선비를 뽑아 사가독서 기회를 제공해 그들이 경학(철학)과 문학은 물론, 역사에 관해 풍부한 지식을 갖추도록 후원하였다. 때로는 수십 명의 문신을 집현전에 모아놓고 공동 작업을 진행하게 도왔다. 그 결과 세종 때는 인재가 숲을 이루었다.

글을 통해 세종이 세상의 도덕적 가치를 확립하려고 노력한 점이 인상적이다. 왕은 고려 말에 의사義士와 충신이 적었다며, 도덕 교육을 통해 이 문제를 돌파하고 싶어 했다. 결과는 성공적이었다. 앞에서 보았듯, '집대성'이란 별명을 얻은 집현전 학사 박팽년을 비롯하여 하위지와 성삼문 등 한 시대를 울린 문장가들이 어린 단종을 위해 목숨까지 버린 사실을 보라. 이들은 세종이 염원한 의사요, 충신이었다.

그때나 지금이나 많은 지식인이 "책은 그저 책일 뿐이다"라며 배움을 실천하려는 이를 비웃는다. 그러나 세종은 책에 담긴 지식을 통해 개인의 삶을 바꾸고 국가의 운명도 얼마든지 변화시킬 수 있다고 믿었다. 숱한 반대를 무릅쓰고 그가 한글을 창제한 이유도 그 점 때문이었다. 세종은 백성이 글을 읽으면 세상이 달라진다고 확신했다.

한글 창제에 반대한 정창손과 왕의 토론이 내게는 감동을 주었다. 정창손은 중국은 자국 문자로 어린아이들을 교육했지만 교화 효과는 거의 없었다고 맞섰다. 그는 교육을 통해 과연 사회적 도덕성을 높일 수 있는지 회의하였다. 현실적으로는 그것이 옳은 판단일 수 있다. 그러나 책의 힘을 믿은 세종은 정창손 같은 유형의 지식인을 혐오한다고 말했다. 과연 두 사람 중에서 우리는 누가 옳았다고 보아야 할까. 의견은 갈릴 것이다. 그러나 시간을 두고 조금 더 깊이 생각해보니, 우리에게도 문장은 역시 희망이다. 그렇지 않겠는가.

성리학 전성기의

문장가

15~17세기는 조선 성리학의 전성기였다. 그때는 점필재 김종직과 정암 조광조에 이어 퇴계 이황, 화담 서경덕, 하서 김인후, 사암 박순, 율곡 이이, 남명 조식, 고봉 기대승, 우계 성혼, 구봉 송익필, 사계 김장생, 신독재 김집, 한강 정구, 우복 정경세, 내암 정인홍 등 일일이 손꼽기 어려울 만큼 다수의 우뚝한 선비들이 출현했다. 전국 어디나 성리학에 정통한 이들이 넘쳐났다.

사상계의 성과에 조응하여 문장계에도 많은 인물이 나타났다. 점필재 김종직, 사가정 서거정, 용재 성현, 지족당 남곤 등이 전기의 문사라면, 후기에는 더욱더 많은 시문의 대가들이 이름을 날렸다. 삼당시인으로 이름난 옥봉 백광훈, 고죽 최경창, 손곡 이달을 비롯하여 석주 권필과 간이 최립도 있었고, 서애 유성룡, 송강 정철, 고산 윤선도, 백사 이항복, 한음 이덕형 등도 이름이 높았다. 또 월상계택이라고 하여 월사 이정귀, 상촌 신흠, 계곡 장유, 택당 이식도 한 시대를 빛낸 문장가였다. 여기에 더하여 교산 허균과 같은 개성적인 이도 있었는데, 그들 한 사람 한 사람이 매우 소중하다.

그러나 여기서는 점필재佔畢齋 김종직金宗直(1431~1492)과 지족당知足堂 남곤南袞(1471~1527), 그리고 옥봉玉峯 백광훈白光勳(1537~1582)과 교산蛟山 허균許筠(1569~1618)의 시문을 소개하는 데 그친다. 김종직은 성리학적 문장 미학을 강조하여 후대의 문풍에 결정적인 영향을 주었다. 또 〈조의제문〉을 지어 16세기 조선 정치사에 파란을 불러일으켰기 때문에 돌아보지 않을 수 없다.

김종직의 제자 지족당 남곤은 또 다른 의미에서 문제적 인물이다. 출발은 사림파였으나 그는 결국 훈구파와 어울려 기묘사화를 일으켰다. 남곤은 왕도 정치를 구현하고자 애쓴 조광조를 축출한 장본인이다. 남곤이 쓴 《유자광전》은 사림파의 눈에 비친 훈구파의 적나라한 모습이기도 했고, 변절한 자신의 자화상이기도 했다. 그런 점에서 그는 나의 관심을 끈다.

옥봉 백광훈은 혼탁한 세상을 멀리하였다. 고고한 기절氣節(기개와 절개)을 추구한 사림파의 정신세계를 순수하고 절제된 언어로 표현했다는 점에서, 그를 성리학의 문장 미학을 완성한 문인으로 봐도 좋겠다. 백광훈의 시에 주목할 이유가 충분하다.

끝으로 교산 허균도 빼놓을 수 없다. 그는 누구나 다 아는 천재

문장의 시대, 시대의 문장

문인이라 장황하게 설명할 필요가 없겠다. 나는 그가 성리학 전성기의 쇠락을 알리는 전령 역할을 하였다는 점에 착목하였다. 그의 등장으로 새로운 문장 미학이 출현하였다는 사실은 흥미로운 일이다.

무오사화의 기폭제가 된 〈조의제문〉

〈조의제문〉은 중국 초나라의 회왕, 즉 훗날 의제義帝라 불린 비극적인 왕의 넋을 위로하는 글이다. 《연산군일기》에서 문제의 글을 찾아보았다. 연산군 4년(1498) 7월 17일 자 기사 가운데 다음과 같이 별로 길지 않은 글 하나가 나온다.

정축년 10월 어느 날 나(김종직)는 밀양을 떠나서 경산으로 가는 길이었다. 도중에 답계역에서 자게 되었는데, 꿈에 어떤 신神이 나타났다. 그는 칠장七章의 (화려한) 의복을 입었고 헌칠하였다. 그가 내게 다가와서 이렇게 말했다. "나는 초楚나라 회왕懷王의 손자 심心이다. 서초패왕西楚霸王(항우)에게 죽음을 당하여 빈강郴江에 가라앉았다." 이 말이 끝나자 문득 사라져버렸다.

나는 놀라서 꿈이 깨고 말았다. 혼자 이런 생각을 해보았다. '회왕은 남초南楚의 인물이요, 나는 조선[東夷] 사람이라 서로 거리가 만여 리나 된다. 그뿐 아니라 세대로 보아도 앞뒤 거리가 천 년도 훨씬 넘는

다. 그런데 꿈속에 와서 감응하다니, 이것이 무슨 조짐일까?'

그때 역사를 살펴보아도 그의 시신이 강물에 던져졌다는 기록은 없다. 정녕 항우가 부하를 시켜 왕을 몰래 죽이고는 그 시신을 강물에 던진 것이런가. 참으로 알 수 없는 일이다.

김종직은 꿈속에서 초나라의 의제를 만났다. 어찌하여 이런 일이 일어났는지 자기 자신도 모르겠다고 했다. 그러면서 그는 의제를 위해 제문을 지었다. 생각하기에 따라서는 황당한 일이기도 하고, 무엇인가 풍자적인 느낌도 없지 않다.

옛날 조룡 祖龍(진시황)이 아각 牙角(어금니와 뿔)을 희롱하자 사해의 바닷물이 붉어져 핏빛이 되었습니다. … (그러자) 모두 서둘러 그물을 벗어나기에 여념이 없었지요. 당시 육국 六國(전국시대의 강호들)의 후손들이 숨고 도망가서 평범한 백성이 되고 말았습니다.

항양 項梁(항우의 숙부)은 남쪽 나라 장수로서 어호 魚狐(물고기와 여우, 반란자들)를 따라 난리를 일으켰습니다. (삼가 의제께서는) 왕위를 백성의 소망에 따라 얻으셨습니다! 끊어졌던 웅역 熊繹(초나라의 조상)의 제사를 보존하신 것입니다. … 그러나 양흔낭탐 羊狠狼貪(흉악하고 탐욕스러운 이, 항우)이 관군 冠軍(뛰어난 사람들)을 마음대로 살해함이여! 어찌 (그때) 체포하여 제부 齊斧(정벌의 도끼)에 기름칠을 아니 하셨습니까.

아, 형세가 너무도 불리하였습니다. 저는 왕을 생각할 때 더욱 두려운 생각이 듭니다. 반서 反噬(은인을 배반하고 해침)를 당하여 해석 醢腊(패배자를 상징)이 되시다니, 정녕 하늘의 운수가 나빴습니다.

빈강가의 산은 우뚝하여 하늘 위로 솟았습니다! 그림자가 해를 가리어 저녁이 되었습니다. 빈강은 밤낮으로 흐르지요! 물결만 넘실거려 돌아올 줄 모릅니다. 천지가 장구하더라도 이 한이 다할 날 없으리니, 넋은 아직도 표탕瓢蕩합니다.

제 마음이 (성실하여) 금석金石을 꿰뚫은 것입니까! 왕께서 문득 제 꿈속에 나타나셨습니다. 자양紫陽(주희)의 노필老筆을 따르려니, 생각이 진돈顚蝕(불안하고 아찔함)하여 흠흠欽欽(극히 조심스러움)하옵니다. 술잔을 들어 땅에 붓습니다! 바라건대 왕의 영령은 와서 흠향하소서.

이 한 장의 글을 구실 삼아 무오사화(연산군 4년, 1498)가 일어났다. 연산군은 이미 고인이 된 김종직의 묘를 파헤쳐 부관참시剖棺斬屍(관을 쪼개 시신의 목을 벰)란 벌을 시행하였다. 김일손을 비롯해 조정에 남아 있던 김종직의 제자들도 모두 벌을 받았다. 도대체 무슨 이유에서였을까.

이극돈과 유자광 등은 〈조의제문〉을 자신들의 마음대로 해석하였는데, 거기에 연산군이 맞장구를 쳤다. 조정 신하들은 말을 잊은 채 그들의 견강부회에 따랐다. 문제가 된 구절을 하나씩 설명하지 않으면, 21세기의 독자는 도무지 무엇이 문제인지 전혀 이해하지 못할 것이다.

첫째, 유자광 등은 김종직이 진시황을 세조에게 비유했다며 비판하였다. 김종직은 제문에서 "조룡이 아각을 희롱"했다고 읊었는데, 일반적으로 조룡은 진시황의 별칭으로 통하였다. 하지만 진시황과 세조가 무슨 관련이 있는가. 김종직은 그런 주장을 한 번도 꺼낸 적이 없었다.

둘째, 사화 주모자들은 김종직이 글에 나오는 의제를 단종과 동일시했다고 주장하였다. 역시 그들의 아전인수 격인 해석이었으나, 행여 연산군의 뜻에 어긋나 불이익을 당할까 봐 조정 대신들은 모두 침묵하였다.

셋째, 세조가 김종서를 제거한 사건이 제문에 언급되어 있다는 주장도 나왔다. "양흔낭탐이 관군을 마음대로 살해함이여!"라는 구절을 가리켜, 유자광 등은 양흔낭탐이 세조요, 관군을 살해했다는 구절은 김종서에 관한 대목이라고 우겼다. 역시 근거가 명확하지 않았다.

넷째, 유자광 등은 문제의 제문에는 왜 세조를 적당한 때 제거하지 못했는지 한탄한 구절이 있다고 하였다. "어찌 (그때) 체포하여 제부에 기름칠을 아니 하셨습니까"라는 구절이었다. 그러나 이 역시 그들의 주장일 뿐이었다.

다섯째, 단종이 세조를 미리 제거하지 못한 결과, 도리어 세조에게 당하고 말았다는 글귀도 발견된다고 하였다. "반서를 당하여 해석이 되시다니"를 그처럼 풀이하였다. 이 글은 초나라 의제가 적을 미리 제거하지 못한 사실을 애석해한 것이지, 단종과 세조의 관계를 말한 것으로 보기는 어렵다.

끝으로 "자양의 노필을 따르려니, 생각이 진돈하여 흠흠하옵니다"라는 구절도 세조 때의 상황에 맞추어 멋대로 유추하였다. 즉 김종직이 주희(자양)의 관점에서 이 제문을 지었으니, 도덕사관을 가지고 세조를 단죄하였다는 해석이었다. 역시 아전인수식 해석이었다.

그럼 도대체 이런 과감한 해석이 어떻게 가능할까. 의아한 일인데 〈조의제문〉이 하필 《세조실록》에 삽입되어 있다는 사실이 문제였다. 김종직의 제자로 그때 사관 중 한 사람이던 김일손은 이 글을 소개하면서 한마디 짤막한 평가를 붙였다. "(김종직은) 이 글을 통하여 충분忠憤을 표현했다." 이야말로 이극돈과 유자광 등에게 상상의 자유를 허락한 문제적 발언이었다.

연산군은 그들의 설명을 듣고 난 후, 김종직의 〈조의제문〉은 불충하다고 결론지었다. 왕은 자신의 분노를 담아 김종직을 규탄하였다. 김종직은 한미하고 천한 선비로 성종의 총애를 입어 형조판서에 기용되었건마는, 분수를 어기고 이따위 글을 지어 감히 왕조에 대한 은혜를 배반하였다는 탄식이었다.

연산군은 김종직과 그 제자들이 세조를 헐뜯고 비웃었다며 3품 이상의 모든 관리에게 김종직을 성토하라고 요구하였다. 왕명에 따라 수십 명의 관리가 일제히 김종직을 비판하였다. 그들은 입을 모아 김종직을 역적이라고 배척하고 보다 강력한 처벌을 주문하였다. 단 한 사람의 예외도 없이 조정이 모든 관리가 김종직과 김일손을 만고의 죄인으로 규정했다.

연산군을 선동하여 무오사화를 일으킨 인물은 유자광과 이극돈이었다. 두 사람은 후세가 사림파라고 부르는 성리학자들을 일망타진하는 데 〈조의제문〉을 악용하였다. 유자광과 이극돈은 서로 다른 이유에서 김종직과 사적 원한이 있었다.

유자광으로 말하면 부윤府尹(종2품) 벼슬을 지낸 유규란 양반의 서자였다. 일찍이 그는 경상도 함양에 놀러 간 적이 있었다. 경치를 감상하고는 시를 한 편 지어 현판에 새겨 정자에 걸었다. 그런데 나중에 김종직이 이 고을의 원님이 되어 그 글을 혹평하고 없애버렸다. 그 소문이 유자광의 귀에 들어갔고, 이 일로 그는 가슴에 깊은 원한을 품었다고 한다.

그 시절 이극돈은 훈구파의 거두로서 조정의 실세였다. 그런데 어떤 공적인 일로 김종직의 제자 김일손이 그를 탄핵했다. 그리하여 서로 앙금이 있었는데, 때마침 《성종실록》을 편찬하게 되었다. 이극돈은 편찬관으로서 김일손의 사초를 꼼꼼히 뜯어보았다. 흠을 잡기 위해 혈안이 된 그의 눈에 〈조의제문〉이 들어왔다. 그는 이 글을 가지고 음모를 꾸며 김일손에게 복수할 생각이었다. 결국 이극돈은 자신을 따르는 유자광과 공모하여 사림파에게 타격을 주었다.

마침 연산군은 사림파를 증오했다. 사사건건 이치를 따져 왕과 고관들의 언행을 비판하는 것이 싫었다. 김일손 등 사림파는 도덕적 명분을 고집했던 반면, 왕과 훈구파는 자신들의 정치적 이권을 마음껏 추구하는 경향이 있었다. 그 때문에 서로 갈등이 증폭되어갔다.

왕과 훈구파는 사림파에게 정치적 타격을 주는 일이라면 무슨 일이든지 함께 할 생각이었다. 그들에게 김종직의 〈조의제문〉은 사림파를 탄압할 명분으로 전혀 손색이 없었다. 조선은 문장을 너무도 중시한 나라여서, 누군가는 한 장의 글로 출세를 하였고 누군가는 목숨을 잃었다.

김종직의 독특한 문장론

김종직은 몸가짐도 단정하고 성품도 무척 성실하였다. 학문도 심오한 데다 문장 역시 고상하고 고졸하여 당대의 유종儒宗이었다. 그런데 그는 체구가 퍽 왜소하였다. 어느 날 문장가 어세공은 장난삼아 이렇게 말하였다. "만약 누군가 그에게서 재주를 다 빼앗아버린다면 조그만 어린아이 하나만 남을 것이다." 이 말을 듣고 사람들이 박장대소하였단다.

젊은 시절부터 김종직은 학문과 문장으로 명성이 있었다. 그는 아버지 김숙자에게서 배웠고, 김숙자는 고려 말의 대학자 야은 길재에게서 학문을 전수받았다. 많은 선비가 김종직의 문하에서 실력을 닦았다. 그들은 스승인 김종직을 기려 저절로 하나의 당을 이루었다. 이극돈을 비롯한 훈구파로서는 촉각이 곤두서는 일이었다.

훈구파는 조정의 권력을 사림파와 나누는 것이 불편하였다. 따라서 사림파의 조정 진출을 막으려고 백방으로 노력하였다. 그러던 참이라, 훈구파는 〈조의제문〉이란 호재를 얻기 무섭게 김일손과 김굉필을 비롯하여 정여창, 권오복, 조위 등 김종직의 제자들을 숙청하였다.

무오사화를 시작으로 약 반세기 동안 네 번의 사화가 되풀이되었다. 갑자사화(연산군 10년, 1504), 기묘사화(중종 14년, 1519) 및 을사사화(명종 즉위년, 1545)가 그것이다. 갑자사화와 을사사화 때는 훈구파 중에서도 피해자가 나왔다. 그러나 사화라면 사림파 인사들이 박해를 당할 때가 대부분이었다. 사화가 거듭되자 학문과 인격이 출중한 사림은 조정에서 밀려나 향리로 돌아갔다. 그들은 숨을 죽이고 초야에 머물며 많은 제자를 길러냈다. 그렇게 수십 년이 지나자 전국 어디에나 사림파가 말 그대로 인재의 숲을 이루었다.

그렇게 세월이 흐르는 가운데 명종 말년이 되자 조정을 장악하고 있던 외척이 힘을 잃었다. 그들과 한편인 훈구파도 조정에서 축출되었고, 그 자리를 사림파가 조금씩 채워갔다. 그 뒤 사림파는 선조를 옹립하였다. 그들은 조정을 완전히 장악하여 수년 후에는 전국이 사림 일색이 되었다. 길고 긴 줄다리기 끝에 사림파가 완벽한 승리를 거둔 것이다.

16세기 조선의 사림파는 모두 점필재 김종직의 제자라 해도 틀린 말이 아니었다. 모든 선비의 학맥이 직간접적으로 김종직이라는 한 사람의 거장에게로 이어졌다. 따라서 사림이라면 누구든 김종직의 성리학과 그에게서 비롯한 독특한 문장론에서 벗어나지 못하였다.

그러면 김종직의 문장론이란 무엇인가. 그는 성리학을 바탕으로 전아典雅하고 온자醞藉(고상하고 멋짐)한 문풍을 일으키려고 노력하였다. 김종직이 강조한 문장 미학의 요체는 '평담平淡'이었다. 그는 솔직 담백한 문체를 강조하였다. 언젠가 그는 이렇게 주장했다. "이백은 너무 엉성하고 호탕하며[疎蕩], 두보는 지나치게 조심스럽다. 소식蘇軾(소동파)은 지나치게 웅장하기만 하고, 육유陸遊는 너무 호방하다. 모범이 될 만한 문장으로는 황정견黃庭堅과 진사도陳師道*가 있을 뿐이다."

그러나 문장을 짓는데 지나치게 이데올로기에 매달리는 것은 잘못이 아닌가. 그와 동시대의 문장가인 용재慵齋 성현成俔(1439~1504)은 김종직의 문장론이 편향적이라고 주장하였다. 모름지기 문학에도 다양성이 있어야 한다는 것이 성현의 미학이었다. 성현은 〈문장의 변화〉라는 글에서 김종직을 격렬히 비판하였다(성현, 《허백당집》, 문집 제13권).

성현은 문장을 뜨락의 나무에 비유했다. 나무는 가지와 줄기, 꽃과 잎이 무성하게 자라야 하고 그러려면 뿌리를 잘 보호해야 한다. 다른 예를 들면, 요리사가 여러 맛을 적절히 조합해야 멋진 요리가 탄생하는 것과 같다. 그런데 김종직의 문장론은 마치 가지와

---

* 황정견과 진사도는 소문육군자蘇門六君子라 불린 북송 대의 문장가이다.

잎사귀를 마구 베고 따낸 다음에 그 나무가 무성하기를 바라는 셈이라고 했다. 요리사가 다양한 맛을 무시한 채 한 가지 맛만 내면서 훌륭한 요리가 완성되길 바라는 식이라는 뜻이다.

성현은 전통주의자로서 다원적 입장을 취했다. 화려한 글이 필요하면 화려하게, 청담清淡이 요구되면 최대한 청담하게 쓰면 된다. 간고簡古(간단하고 고졸함)가 필요하면 간고하게, 웅방雄放(영웅적이고 호방함)이 요구되면 웅방하게 쓸 뿐이다. 매화와 대나무가 사랑스럽다고 해서 다른 화초들을 몽땅 버리는 것은 올바른 태도가 아니라는 것이다. 성현의 반론은 그러했다. 그가 보기에 김종직의 문장론은 고지식하고 융통성이 전혀 없었다[膠柱鼓瑟].

그러나 김종직도 왜 할 말이 없었겠는가. 그는 〈상설고문진보대전발詳說古文眞寶大全跋〉이라는 글에서 어떤 문장이 좋은지 언급하였다(전녹생, 《야은일고》, 제4권). 김종직은 문장의 역사를 회고하면서 특히 사륙변려문처럼 화려한 문장을 비판하였다. 무릇 글이란 염계관락濂溪關洛(주요 성리학자를 범칭)의 성리학설에 부합해야 진정한 보배라고 보았다. 머나먼 고대로 거슬러 올라가 중국 고대의 주나라와 한나라의 미학을 현세에 되살리는 것이 김종직의 소망이었다.

그럼 김종직의 미학이 잘 표현된 시 하나를 골라서 읽어보자. 경상도 함양에 학사루學士樓라는 정자가 있다. 신라 때 고운 최치원이 이 고을의 군수로 재임할 시절 망중한을 즐긴 곳이다. 후세는 최치원을 회상하며 학사루라고 불렀다. 누대 아래에는 매화나무 한 그루가 있었다. 그 반은 마르고 썩었으나 가지가 살아 있어

문장의 시대, 시대의 문장

학사루의 현재 모습. 통일신라 시대에 지은 것으로 추정된다. (문화재청)

해마다 봄이 되면 가장 먼저 꽃망울을 터뜨렸다. 김종직은 고을 수령으로 부임한 이래 이 나무를 몹시 사랑하여 다음과 같은 시를 지었다.

학사루 앞 홀로 선 신선이여.

만나보고 한번 웃자 옛 모습 그대로일세.

가마 타고 지나가려다가 도리어 가지를 부여잡고 위로드리오.

올해는 봄바람이 너무 세서 넘어지실까 걱정이네.

學士樓前獨立仙 相逢一笑故依然

肩輿欲過還攀慰 今歲春風太劇顚

시어가 극히 평범하고 고상하다. 화려한 묘사도 지극한 꾸밈도 눈에 띄지 않는다. 담담하기가 한 사발의 냉수와 같다. 한마디로 매화꽃처럼 맑은 향기를 머금은 선비의 시정이라고 해야겠다. 뒤집어 보면 조금은 싱거운 느낌이 들기도 한다. 표현도 소박하고 기교를 부린 흔적이 보이지 않는다. 그러면서도 문장 구성은 퍽 정밀하고, 은은한 아취가 있다. 선비다움을 물씬 풍기는 정갈한 글이다. 하지만 글의 규모는 보는 이에 따라서는 너무 작지 않은가 하는 느낌이 들 수도 있다.

성현과 동시대 인물로 역시 김종직의 문장론에 반대한 또 한 사람의 이름난 문장가가 있었다. 사가정 서거정이다. 그는 친구와 이야기를 나누면서 김종직의 문장론을 에둘러 비판한 적이 있다. 썩은 유생 또는 속된 선비가 멋진 모자[冠冕]를 쓴 채 예법을 조용히 준수하는 것 같은 글이라는 주장이었다(서거정, 《동인시화》). 이처럼 성현과 서거정은 훈구파로서 새로운 문장 미학을 못마땅하게 여겼으나, 역사의 시곗바늘을 되돌려놓지는 못하였다. 이후 김종직의 평담한 문장 미학이 차츰 호응을 얻어 대세를 이루었다.

《유자광전》, 지족당 남곤의 자화상

하곡荷谷 허봉許篈(1551~1588)이 엮은 《해동야언》에 흥미진진한 글 한 편이 보인다. 남곤이 지은 《유자광전》이다. 술술 읽히는 명문으로, 후세의 역사가 이긍익이 연산군 때 일어난 무오사화를 설명하며 주된 자료로 인용하였다.

전기의 내용은 다음과 같다. 유자광은 부윤 유규의 서자로 태어났는데, 우여곡절 끝에 세조 14년(1468)에는 공신이 되었다. 남이의 역모 사건을 고발한 공을 인정받은 덕이다. 이후 유자광은 호걸풍의 선비로 행세하며 권신들과 각축전을 벌이는 등 파란을 일으켰다.

그러다가 연산군이 사림파를 조정에서 쫓아낼 생각을 하고 있다는 사실을 탐지해 〈조의제문〉 사건을 일으켰다. 그 과정에서 유자광은 도리어 연산군에게 겁을 주기도 했다. 김일손의 무리가 많아서 장차 무슨 변이 일어날지 모른다며 대궐 안팎을 철저히 수비해야 한다는 식이었다. 그가 공격의 최종 목표로 삼은 것은 사적으로 원한이 깊은 점필재 김종직이었다. 그는 연산군을 충동질해 김종직의 시문을 모두 불태웠다.

이후 유자광의 위세는 실로 대단하였다. 조정 신하들은 유자광을 독사처럼 여기면서도 감히 그의 뜻에 반대하지 못했다. 초야의 유림도 기가 꺾여 벌벌 떨었고, 성균관과 향교 등은 물 뿌린 듯 조용하여 여러 달 동안 아무도 글을 읽지 않았다고 한다. 이익을 탐하고 수치심을 모르며 세력가에게 아부하는 무리가 그 집 문을 가득 메웠다.

식자들은 탄식하였다. 성종 9년(1478)에 유자광이 권신과 다투다가 유배된 일이 나쁜 무리가 처벌된 것이라면, 유자광 등이 일으킨 무오사화는 악당이 죄 없는 선비를 박해한 사건이라고 다들 생각했다. 군자가 악인을 처벌할 때는 지나치게 너그러운 것이 잘못이고, 소인이 원수를 갚을 때는 철저히 앙갚음하는 것이 문제이다. 군자들이 유자광 등을 법대로 벌하였더라면 어찌 무오사화 같은 변고가 있었을까.

나중에 유자광은 연산군이 궁지에 몰리자 그를 폐위하는 데 앞장섰다. 그는 중종을 옹립하는 모의에도 가담해, 일등 정국공신에 책봉되었다. 덕분에 말년까지 조정에서 실권을 행사하였다. 그러나 노년에는 사림의 반격을 꺾지 못하고 경상도 평해로 축출되어 그곳에서 파란 많은 생을 마감하였다(중종 7년, 1512).

알다시피《유자광전》을 저술한 남곤은 본래 김종직의 제자였다. 그는 스승과 동료들이 무오사화로 고난을 겪자 남몰래 유자광을 성토하는 글을 썼다. 그러나 정작 나중에는 유자광의 화신처럼 되고 말았다. 후세의 평가가 그러했다.

남곤은 기묘사화의 주모자로서 마치 무오사화 때 유자광이 그러했듯 개혁 정치가 조광조와 그 동료들을 사정없이 탄압하였다. 권력을 움켜쥐려는 그 나름의 필사적인 노력이었다. 허봉은《유자광전》을《해동야언》에 옮겨 적은 뒤 이렇게 평하였다.

이 전기에서 남곤은 유자광의 죄상을 기록하는 데 지극하여 조금도 빠진 것이 없었다. 그러나 기묘년이 되자 유자광이 한 일을 그대로 모방하여 밤중에 대궐의 북문을 열게 하였고 그 시대의 깨끗한 선비들을 일망

문장의 시대, 시대의 문장

타진하였다. 남곤이 한 짓을 알아보면 무오년 일(무오사화)보다 외려 심하였다. 남곤이 이 전기에 기록한 것은 결국 자신의 죄악을 스스로 적은 셈이 되었다. 소인의 나쁜 심보를 후세에 폭로하여 누구라도 이 글을 한번 읽으면 저도 모르게 팔뚝을 걷어 올리게 만들 지경이다. 그런데 무오년의 화가 일어난 근본 배경을 이해하는 데는 이 전기가 꼭 필요하다고 여겨서 … 이 전기를 기록하여 소인들에게 장차 경계가 되기를 바라노라.

지봉 이수광도 《유자광전》의 문체와 역사성을 높이 평가하며, "그것은 매우 교묘한 솜씨였다. 특히 사화에 관해서는 마치 그림처럼 뚜렷이 묘사하여 심정과 일의 추세를 정확히 그려냈다"라고 하였다.

어떤 사람이 남곤의 글을 읽고 다음과 같은 시를 지었다고 한다.

끝끝내 그의 마음씨[肺肝]는 누구를 닮았던가.
알지 못하였구나, 제가 바로 이 전기에 나오는 그 사람인 줄.
畢竟肺肝誰得似 不知身作傳中人

또 혹자는 이렇게도 말하였다. "《유자광전》은 내용이 무척 자세하고 구성에 빈틈이 없다. 자신이 소인이라야 다른 소인들의 마음을 정확히 안다는 말도 있는데, 이 말이 징녕 맞는 듯하다." 그럴 것이다. 남곤이 아니면 이렇게까지 실감 나게 유자광의 속마음을 그려낼 수 있었을까.

지족당 남곤은 문장의 대가

　나중에 기묘사화를 일으킨 것은 남곤의 큰 잘못이었다. 그러나 그로 말하면 스승 김종직의 문학적 전통을 이어받은 대문장가였다. 일찍이 대신 신용개는 문장에 뛰어나서 오랫동안 문형을 맡았다. 그는 나이가 들자 자신의 후임을 물색하였다. 신용개는 남곤을 유력한 후보자로 생각하였다. 그의 실력을 직접 평가해보고 싶어서, 어느 날 신용개는 남곤의 집으로 불쑥 찾아갔다. 한참 시간을 보내다가 불현듯 시를 지어보라고 요청하였다. 그러자 남곤은 그 자리에서 쓱쓱 시 한 편을 완성하였다.

버드나무 그늘지고 낮 닭이 울려는 찰나였네.
갑자기 가난한 골목길에 (대감의) 수레 소리 들려와 놀랐다오.
다투어 (대신의) 풍채 훔쳐보느라 이웃집이 텅 비었소.
서둘러 주안상 마련하느라 (저의) 늙은 아내 더욱 군색하였다오.
흥이 나서 술잔을 기울일 생각만 하였더니
지위가 다름도 잊어버린 채 허리띠 잡아당기며 계시라 하네.
마음속으로 고헌과* 지으려 애쓰지만

---

*　〈고헌과 高軒過〉는 당나라 때 이장길이 지은 시로, 고관의 방문을 노래하는 내용이다.

점잖고 품위 높은 분 앞이라 거친 글 함부로 짓지 못하오.

楊柳陰陰欲午鷄 忽驚窮巷溢輪蹄

爭看風裁空鄰舍 促具盤筵窘老妻

乘興但知傾藥玉 忘刑不覺挽輕犀

沈吟欲賦高軒過 鄭重荒詞未敢題

이 시를 읽고 나자 신용개의 두 눈이 휘둥그레졌다. 그는 한참
동안 남곤을 칭찬하고는 이제 후임을 제대로 찾았다고 말하였다.
얼마 후 남곤은 문형, 즉 홍문관 대제학(정2품)에 임명되었다(중종
11년, 1516). 그때 조광조는 조정에 나온 지 얼마 안 되어 홍문관 수
찬(정6품)이었다. 남곤의 화려한 명성과 지위에 비할 바가 아니었다.

조광조는 김종직의 손孫제자요, 남곤은 직제자였다. 학연으로
보면 서로 먼 사이가 아니었으나 그들은 젊은 시절부터 서로를 용
납하기 어려웠다. 왜 그랬을까?

중종 초년, 박경이라는 출중한 선비가 있었다. 그는 사림을 규
합하여 유자광과 박원종 등 정국공신을 조정에서 몰아내려 했다.
청년 조광조와 김식도 그 모의에 약간 관련이 있었다. 남곤 역시
깊이 관여하였는데, 그는 거사가 실패할 것을 염려한 나머지 박경
등을 관가에 고발하였다(중종 2년, 1507). 남곤은 사림을 배신한 대가
로 가선대부(종2품)로 승진했다.

이 사건으로 박경과 김공저 등은 죽음을 면치 못했고 조광조와
김식은 가까스로 풀려났다. 이후 그들은 남곤을 소인배로 여겨 멀

찌감치 거리를 두었다. 사림파와 틈이 생기자 남곤은 훈구파에 줄을 대며 출세를 도모하였다. 그런데 중종이 조광조를 등용하여 훈구파를 견제하고 조정에 새로운 바람을 일으켰다. 불안을 느낀 남곤은 훈구파인 정국공신들과 모의하여 조광조 등을 일거에 제거할 기회가 오기만을 기다렸다.

중종은 조광조를 등용하여 처음에는 많은 후원을 하였으나 곧 열정이 식었다. 왕은 불과 3~4년 만에 개혁 정치를 포기할 조짐을 보였고, 이를 눈치챈 남곤은 심정, 홍경주 등 훈구파의 우두머리들과 모의하여 역풍을 조성하였다.

그 당시 사람들은 기묘사화를 기획한 이가 다름 아닌 남곤이라고 보았다. 《기묘록속집己卯錄續集》에 수록된 〈남곤전〉을 읽어보면 자세한 내용이 나온다. 그는 경복궁의 북쪽 문인 신무문을 통하여 대궐로 몰래 들어와 중종에게 조광조 등의 죄상을 아뢰고 사화를 일으켰다.

조광조 등을 각지로 귀양 보낸 다음에도 한동안 조정이 소란하였다. 무명의 청년들이 사람을 모아 임금 주변을 정화하겠다며 쿠데타를 시도하였다. 그들은 일이 발각되어 목숨을 잃는 것도 두려워할 줄 모르고 앞다퉈 봉기를 꿈꾸었다. 그만큼 조광조와 그 동료들의 인기가 높았다. 반면 남곤은 다 이겨놓고도 진 싸움을 벌이고 있었다. 그는 신변의 안전을 염려하여 날마다 밤이 깊으면 변장하고 이곳저곳으로 침소를 옮겨 다녔다. 암살당할까 봐 두려워서 자신의 집에서 잠들지 못한 것이다. 그는 새벽이 되어야 겨우 집으로 돌아왔는데, 이런 세월이 해를 넘기며 이어졌다. 나중에 사태가 잠잠해진 후에야 그는 비로소 제집에서 잘 수 있게 되었다.

기묘사화를 일으킨 공으로 남곤은 즉시 이조판서가 되었고, 그로부터 한 달도 지나지 않아 그는 조광조의 동료 또는 추종자라며 35명의 명단을 왕에게 올리고는 강력한 처벌을 강청하였다. 그 일이 성사된 다음 그는 좌의정으로 승진하여 부귀영화를 누렸다. 그러나 권세는 오래가지 않았다. 쫓겨났던 사람이 하나둘씩 조정으로 복귀하자 남곤은 근심이 커져 무엇을 하여도 즐겁지 않았다.

어느 날 그는 일가 청년에게 물었다. "세상 사람들이 나를 과연 어떻게 평할까?" 그 사람은 태연히 이렇게 대답하였다. "아마도 소인이라는 평을 벗어나기는 어려울 것입니다." 크게 낙담한 남곤은 심부름하는 어린 종에게 명령하여 평생 자신이 쓴 글을 모두 꺼내오라고 한 다음 모조리 불살라버렸다.

남곤은 탈 없이 제명대로 살 수 있었으나, 사후에는 그를 배척하는 여론이 크게 일어났다. 선조 1년(1568), 왕은 그의 관작을 모두 빼앗았다. 조광조가 잃었던 명예를 온전히 회복하고 문묘에 배향되어 길이 선비들의 존경을 받은 것과는 극명한 대조를 이루었다.

제아무리 글을 멋지게 쓸 줄 알면 무엇 하겠는가. 제 손으로 불구덩이에 던져 넣을 것이라면 그런 글재주는 차라리 처음부터 없는 편이 낫지 않은가.

평생 당시만 읊조린 옥봉 백광훈

16~17세기 조선에서는 많은 문장가가 활동했으나 가장 두각을 나타난 이는 석주石洲 권필權韠(1569~1612)이었다. 그는 서울 출신이지만 호남에서 지내기도 하였다. 그때 한 선비가 찾아와 옥봉 백광훈의 시를 보여주며 평론을 듣고 싶다고 하였다. 권필은 자신의 시재詩才를 자부하는 사람이어서 남의 작품을 여간해서는 인정하지 않는 경향이 있었다. 더구나 백광훈은 그가 싫어하는 만당晩唐의 시풍을 따랐으므로 그의 시를 심하게 비판하였다.

바로 그날 밤이었다. 술에 취해 잠이 들었던 권필은 가위에 눌린 듯 고통스러워하였다. 다행히 옆에 있던 사람이 흔들어 잠에서 깨었다. 도대체 권필에게 무슨 일이 있었던 것일까.

그는 장탄식하며 말하였다. "꿈속에서 스스로를 옥봉(백광훈)이라고 일컫는 선비를 만났소. 그가 내 곁으로 다가와 꾸짖으며 말하였다오. '나는 시재가 있다 하여 사람들의 호평을 받았다. 그런데 너는 도대체 누구이기에 감히 선배를 함부로 비방하느냐.' 그를 뒤따르는 수십 명의 무리가 몽둥이를 휘두르며 나를 때려눕히려 하였소. 어찌 내가 놀라지 않을 것이오."

어느 옛 문헌에서 읽은 기억을 주섬주섬 옮겨보았다. 현대인들은 아마 옥봉 백광훈을 모를 것이다. 그런데 그로 말하면 16세기를 대표하는 최고의 시인이다. 그는 사암 박순의 문인으로 당나라의 시풍에 정통하였다. 선조 5년(1572)에는 포의布衣(벼슬 없는 선비)

로서 제술관製述官이 되어 명나라 사신을 접대하였다. 또 고죽 최경창, 손곡 이달과 함께 당대에는 '삼당시인三唐詩人'이라 불렸다. 그들이 지은 당풍의 한시는 격조가 높아서 많은 사람의 사랑을 받았다.

특히 옥봉 백광훈은 평생 시학만 연구한 것으로 정평이 나 있었다. 그는 마음이 상하고 눈이 멀 정도로 열심히 시를 전공하였다[劌心鉥目]. 힘써 노력한 끝에 좋은 시구 한 개라도 얻으면, 그날은 너무 기뻐서 밥 먹는 것도 잊었다. 오직 시만을 사랑하여 평생을 가난하게 살았으나 누구를 탓하는 법도 없었다. 그는 글씨에도 능해 왕희지나 왕헌지를 방불케 하는 멋진 솜씨를 갖추었다. 어느 때였던가 남원 광한루에서 쓴 백광훈의 시 한 편이 전하는데, 읽어볼 만하다.

그림 같은 난간 서쪽 호수에는 푸른 개구리밥 물결이네.
끝없는 석별의 정으로 날이 저무네.
향기롭고 꽃다운 풀이여 어느 때나 여행이 그칠까.
청산 어디라도 흰 구름 많다네.
畫欄西畔綠蘋波 無限離情日欲斜
芳草幾時行路盡 靑山何處白雲多

외로운 배는 꿈마다 큰 바다를 항해한다오.
삼월 안개 필 적이면 궁궐에는 꽃 피지.

술 단지는 금세 비고 사람도 금세 흩어진다오.

들새는 원망하는 듯도 하고 노래하는 듯도 하오.

孤舟夢裏滄溟事 三月煙中上苑花

樽酒易傾人易散 野禽如怨又如歌

16~17세기의 문장가로 명성이 높았던 간이簡易 최립崔岦(1539
~1612)은 유독 백광훈을 높이 쳤다. 그는 백광훈이 최경창과는 품
격이 다르므로 두 시인의 시를 묶어 한 권의 시집으로 만들면 안
된다고 주장하기도 했다. 최립의 《간이집》(제9권)에는 〈옥봉과 고
죽의 두 시고詩稿를 묶어서 간행하는 것은 잘못임을 지적하는 소
서小序〉가 남아 있다. 그의 주장을 잠깐 들어보겠다.

우리 창경彰卿(백광훈)으로 말하면, 남국南國(호남)의 아름다움이라고 일
컬을 만한 선비였다. … 그는 시작時作에 몰두하여 그 운격韻格이 당
률唐律에 근접했다. 그뿐만 아니라 염담恬澹하고 온자溫藉한 기풍이
그의 인품과 같았다. 그의 시는 읽는 사람에게 경애심을 불러일으킨
다고 하겠다. 그는 고아高雅한 정취를 지녀 세상의 일에는 조금도 관
심을 두지 않았고 부러워하지도 않았다. 그는 오래 살았더라도 "가을
벌레 소리 내며 시 읊조리다가 머리칼이 하얗게 세고 말았다吟作秋蟲
到白頭"라는 평을 받게 되었으리라.

나는 최립의 이러한 평이 옳다고 생각한다. 김종직이 추구한 시

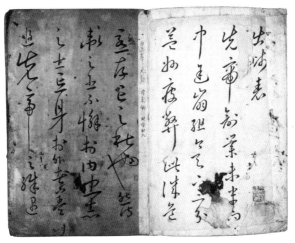

시인이자 서예가 옥봉 백광훈의 글씨. 제갈량이 전쟁에 나서기 전 촉나라 황제 유선에게 바친 〈출사표出師表〉를 초서로 썼다. (국립중앙박물관 소장)

세계를 완벽하게 구현한 이가 다름 아닌 백광훈이었다. 그야말로 성리학 전성시대를 대표하는 시인이었다. 그럼 최경창은 어떤 시인이었을까. 최립의 주장에 귀가 솔깃해진다.

그(최경창)의 시를 살펴보면 대부분이 천기天機(타고난 천품)로 얻은 것이다. 가끔 경절警絶(놀랍게 뛰어남)하고 유려한 표현을 구사하여 우수한 작품을 선보이고 있으나, 애당초 그는 위대한 시인의 이름을 얻기로 작정한 사람이 아니었다.

최경창이 좋은 시를 많이 지은 것은 사실이다. 하지만 그것은 타고난 소질의 결과였다. 백광훈처럼 평생 각고의 정성을 기울여 어렵게 얻은 성과가 아니었다. 성리학적 기준 또는 도덕적인 관점에서 보면 절차탁마切磋琢磨의 공을 쌓은 것이라야 의미심장하였다. 21세기를 사는 우리로서는 받아들이기 어려운 기준일 수도 있으나, 수백 년 전 이 땅의 문장 미학은 그러했다.

옥봉 백광훈의 가장 빼어난 점은 바로 오언절구에 있었다. 잠시 백광훈의 명시 〈새집에서 돌우물을 얻다[新居得石井]〉를 외워본다. 맑고 투명하기가 냉랭한 샘물 같은 글이다.

괴석에 이끼로 바느질했네.
찬 우물 돌확 아래 깊기도 하오.
맑고 밝기가 이와 같다니!
십 년 묵은 친구처럼 내 마음을 비추네.
古石苔成縫 寒泉一臼深
淸明自如許 照我十年心

한편 교산 허균은 선배 시인들을 비교한 적이 있었다. 그는 백광훈의 시를 한마디로 논하여 "무미건조할 정도로 담담하다"라고 하였다. 그럴듯한 평이었다. 고죽 최경창에 대해서는 선비의 단단한 마음을 표현했다고 말하였다. 그럼 삼당시인 중 또 한 사람이자 자신의 스승인 이달의 시는 어떻게 평하였을까. 최경창의 시에 싹이 나게 하고, 백광훈의 시에 정감이 솟게 한다고 했다(허균,《성소부

문장의 시대, 시대의 문장

부고》). 뒤집어 말하면 최경창에게는 생동감이 없고, 백광훈에게는 감성이 부족하다는 비판이었다. 팔은 안으로 굽는다고, 허균이 자신의 스승 이달에게 후한 점수를 주었던 것은 아닐까.

교산 허균, 성리학 전성시대에 종지부를 찍다

무엇이든 시작이 있으면 끝도 있는 법이다. 17세기가 되자 성리학 전성시대도 저물기 시작했다. 개성 강한 문장가들이 출현하면서 김종직의 '평담' 미학이 한계에 부딪혔다. 물론 그 시절에는 아직 성리학적 세계관에 감히 노골적으로 도전하는 이가 극소수였다. 그러나 인간을 천리에 부합하는 이성적인 존재 또는 윤리적 실천을 최우선 과제로 삼는 군자 지망생으로 바라보는 관점을 거부하는 새로운 흐름이 시작되었다는 사실은 꽤 흥미롭다.

교산 허균은 사람의 본성을 새롭게 인식하였다. 광해군 3년 (1611) 여름철 그는 한 권의 흥미로운 저술에 착수했다. 《도문대작屠門大嚼》이라는 책이었다. 도문屠門, 즉 푸줏간 앞을 지나며 입맛을 다신다는 뜻이므로 한눈에 그것이 요리책이란 사실을 알 수 있다. 인간의 본성을 본격적으로 논의한 철학적 책자는 아니었다.

그 시절 허균은 전라도 함열의 유배시에 억류되어 있었다. 한 해 전만 해도 그는 과거 시험을 주관하는 명예로운 관리였다. 그런데 합격자 명단이 발표되자 그를 비난하는 여론이 폭발했다. 허균의 조카와 사위가 합격자에 포함되어 있었기 때문이다. 사람들은 허균이 사적 욕심을 뿌리치지 못하고 친척에게 합격증을 내주었다고 욕했다. 물의를 빚자 광해군은 허균의 관직을 빼앗고 그를 시골로 쫓아냈다. 그런데 허균의 해명에 따르면, 조카와 사위는 자신이 전혀 관여하시도 않은 다른 시험장에서 뽑힌 것이었다. 요즘 말로 '가짜 뉴스' 때문에 억울한 누명을 쓴 꼴이었다.

하지만 어쩌랴. 여론의 압박이 거세지자 누구도 그에게 소명할 기회를 주지 않았다. 하루아침에 그는 불우한 유배객이 되었다. 허균으로 말하면 장안에서 손꼽히는 대갓집 자제였다. 어려서부터 그는 진귀한 음식을 마음껏 즐기며 자랐다. 신분에 걸맞게 입맛도 매우 까다로웠다. 이런 사람이 궁벽한 시골에 갇혀 지내려니 입에 맞는 음식이 하나도 없었다. 그는 괴로움을 견디기 어려웠다고 한다.

(먹을 것이라고는) 쌀겨조차 부족했다. 밥상에 오르는 것은 상한 생선과 감자, 돌미나리 정도였다. 그것도 충분히 먹지 못하였다. 나는 굶주린 배를 움켜쥐고 밤을 지새웠다. 그럴 때면 지난날 산해진미를 실컷 즐기던 시절이 저절로 눈앞에 떠올랐다. 침을 삼키며 다시 그 음식을 먹고 싶었으나, 어찌하겠는가. 천상에 있다는 서왕모의 복숭아만큼이나 내게는 거리가 먼 것이었다. 천도복숭아를 훔쳐 먹은 동방삭이라면 모를까, 내가 무슨 재주로 그런 진귀한 음식을 맛보겠는가?

문장의 시대, 시대의 문장

허균은 기억을 되살려 전국 여러 곳의 이름난 음식을 책자에 빼곡히 기록했다. 이후에는 이따금 그 책자를 꺼내 읽으며 자신의 불우한 처지를 잊고자 노력했다. 허균은 문장력도 뛰어났지만 기억력도 비상했다. 훗날 성호 이익은 그의 기억력이 얼마나 비상했는지 회상하며 놀라움을 금치 못했다.

단순히 기억에 의지해 기술했다고 하는 《도문대작》에는 무려 120종가량의 음식이 등장한다. 조개와 생선 요리 같은 것만도 40종을 헤아렸다. 허균은 요리마다 재료의 산지를 소개하고 요리법은 물론 음식의 빛깔과 형태, 독특한 풍미까지 세밀하게 묘사했다. 어떨 때는 그 요리의 역사적 기원까지 덧붙였다.

그런데 내 생각에 이 책의 진가는 전혀 다른 곳에 있는 것 같다. 허균은 이 한 편의 글로 조선의 지배적 이념인 성리학의 근본을 뒤흔들어놓았다. 그는 맹자의 성선설에서 벗어나 인간의 본성을 자기 나름으로 다시 정의하였다.

식욕과 성욕은 사람의 본성이다. 특히 식욕은 생명에 관계되는 것이다. (유교의) 선현들은 음식을 바치는 사람을 천하게 여겼지만, 이는 음식만 탐하며 자신의 이익을 갈구하는 자를 지적한 것이다. 어떻게 먹지도 말고 말하지도 말라는 것이냐?

성리학자들은 인간의 본성이 착함을 전제하고, 이를 인의예지仁義禮智의 출발점이라 여겼다. 반면 그들은 인간의 사사로운 욕망을 죄악시하였다. 이른바 사적인 마음[私心], 또는 사적인 욕망[私慾]을 끊어야 도를 얻는다는 식이었다. 이것은 유교만의 독자적인 주장도 아니었다. 도교와 불교에도 비슷한 학설이 있었다.

그런데 허균의 생각은 그와 전혀 달랐다. 식욕이나 성욕 같은 근원적인 욕구가 인간의 본성이라는 것이다. 물론 그의 주장이 완전히 새로운 것은 아니었다. 명나라에서 일어난 양명학에 비슷한 흐름이 있었다. 특히 중소 상인들의 인생관을 반영한 태주학파에서 비슷한 관점을 찾아볼 수 있다. 독서가이던 허균은 당대 명나라의 문예에 밝았다. 자연히 중국에서 일어나고 있던 사상적 변화에도 민감하였다. 그는 중국 사회에서 성리학적 학풍에 반대되는 새로운 흐름이 강해지는 현상을 목격하였다. 중국의 신문화에 익숙하였던 그였기 때문에 새로운 주장을 내놓을 수 있었다고 짐작한다.

허균은 성욕의 중요성을 노골적으로 강조하기도 하였다. 당대의 성리학자들로서는 결코 수용할 수 없는 망발이었다. 다음은 그의 주장이다.

남녀의 정욕은 하늘이 주신 것이다. 유교의 성인은 남녀가 엄연히 다르다고 가르치셨다. 그런데 성인이라 해도 하늘보다는 한 등급 아래의 존재일 뿐이다. 성인의 말씀을 따르기 위해 하늘의 뜻을 어길 것인가.

남녀의 차이를 논하기에 앞서 하늘이 부여한 성욕을 자연스러운 본성으로 인정하라는 뜻이다. 현대인이 보기에는 당연한 주장이다. 그러나 조선의 성리학자들은 허균의 이런 주장을 조금도 인정할 수 없었다. 그들은 조선이 망한 뒤까지도 허균의 부도덕함을 용서하지 못했다.

그러나 허균이 옳았다. 그는 성리학자 대다수가 여전히 도덕주의의 늪에 빠져 있을 때 식욕과 성욕의 중요성을 강조하였다. 실제로도 허균은 부모의 상중에도 기생을 가까이하여 지탄의 대상이 되었다. 그는 공무 수행 중에도 여러 명의 기생과 염문을 뿌려 사생활이 난잡하다는 비난에 휩싸이곤 했다. 그 시절 조선 사회에 팽배한 도덕주의의 관점에서 보면 그는 용서하기 어려운 일탈 행위를 저지른 거였다. 그런데 관점을 달리하면 평가도 달라질 수 있다. 인간의 육체적 욕망을 긍정하는 허균으로서는 자신을 매도하는 사회 분위기야말로 참을 수 없는 폭력이었을 것이다.

그는 자타가 인정하는 탁월한 문장가로서 개성적인 문체로 작품을 쓰고자 했다. 그러나 결국 세상과 불화한 끝에 비명에 목숨을 잃었다. 《광해군일기》에는 허균이 각종 예언서를 날조하고 뜬소문을 퍼뜨려 세상을 어지럽혔다는 비판이 나온다. 그러나 이런 비판은 액면 그대로 믿을 수 없다.

우리 사회 일각에서는 마치 허균을 새로운 사회를 꿈꾼 혁명가 또는 급진적 사회사상가처럼 대접하는 경향이 있다. 하지만 그것도 이치에 맞지 않는 일이리고 생각한다. 그의 본령은 사회 혁명이 아니었다. 그는 문장 혁명을 추구하였을 뿐 세상사에는 여러모로 미숙한 인물이었다.

실학 시대의

문장가

17세기 후반부터 19세기 중반까지 조선 사회에는 새로운 경향의 문장가들이 속출하였다. 바로 실학자들이었다. 그 가운데 대표적인 인물로는 반계 유형원을 비롯하여 덕촌 양득중, 성호 이익, 농암 유수원, 순암 안정복, 존재 위백규, 담헌 홍대용, 연암 박지원, 청장관 이덕무, 초정 박제가, 다산 정약용, 추사 김정희 및 오주 이규경 등이 있었다. 그들은 몇 해씩 앞서거니 뒤서거니 태어나서 서울과 경기를 비롯하여 충청도와 전라도 등 여러 곳에서 활동하였다. 그 당시 정치적 흐름으로 보면 당파의 소속도 다양했다. 북인이 있는가 하면 남인과 서인(노론, 소론)도 적시 않았다. 실학자들 가운데에는 홍대용, 박지원, 이덕무, 박제가처럼 동시대인으로서 서로 문제의식을 공유하며 친하게 지낸 이들도 여럿이었다. 또는 유형원과 이익, 정약용처럼 선배의 학술적 성과를 계승한 경우도 있었다.

실학자들은 정치권력에서 소외되었으나, 그들의 지적 발견과 미학적 취향은 후세에 많은 영향을 주었다. 오늘날 우리는 조선 후기의 사회와 문화를 거론할 때 무엇보다 실학자들의 저술을 먼저 떠올린다. 실학자들은 당대보다는 후대에 미친 영향력이 몇 갑절 크기 때문이다. 그런 점에서 실학 시대의 문장이란 표현을 써도 좋을 것이다.

앞에서 거명한 실학자들은 하나같이 탁월한 저술가였는데, 그들의 문장은 성리학 전성기를 장식한 문인들과는 차이가 났다. 가령 성호 이익은 아름다운 문장이 좋은 세상을 만드는 것과는 무관하다며 실천적이고 개혁적인 문장을 써야 한다고 강조하였다. 연암 박지원 같은 이도 기득권 성리학자들의 옹졸함과 위선을 한껏 조롱하였다. 또 추사 김정희 역시 주류 성리학계의 형이상학적 편향성을 비판하고 '실사구시'에서 학문의 진정한 가치를 발견하였다. 어떻게 하면 실지의 일과 사물에서 진리를 찾느냐가 실학자들의 공통적인 관심사였다.

그들은 개인의 경험과 사물의 구체적 작동 원리를 강조함으로써 막연한 추상성과 보편성 또는 선험적 진리에 얽매여 있던 성리철학과 작별하였다. 나는 그들의 이러한 사상적 취향이 '유교적 근대'를 여는 힘찬 발걸음이었다고 평가하고 싶다. 안타까운 일은, 그들이 시작한 조선의 근대화가 서구 제국주의의 침략이라는 복병을 만나 좌초하고 말았다는 점이다. 그러나 그것은 19세기 후반에 벌어진 또 다른 역사의 흐름이다.

이제부터 우리는 성호星湖 이익李瀷(1681~1763)과 연암燕巖 박지원朴趾源(1737~1805), 추사秋史 김정희金正喜(1786~1856)의 글을 함께 읽어보려고 한다. 실학자들의 눈에 포착된 당대의 모순된 현실과 그들이 공유한 문제의식에 공감하는 시간이 될 수도 있겠다. 역사의 거울에 비친 우리의 진정한 모습에 한 발짝 더 가까이 다가설 수 있기를 바란다.

성호 이익, 당파 싸움의 원인을 재발견하다

《성호집》(제45권)에 〈붕당을 논한다[論朋黨]〉는 제목의 글이 있다. 이 글은 먼 시간의 장벽을 넘어 21세기에도 유효한 내용인 것 같다. 요즘 신문을 읽으면서 우리가 느끼는 답답함의 실체도 이익이 논파한 당파 싸움의 정치와 마찬가지가 아닐까. 그렇다면 너무나 안타까운 현실이다. 이익의 글은 논리도 정연하고 논증도 합리적이다.

무엇보다 이익은 붕당이 정치적 투쟁의 결과이며 이해관계의 산물이라고 강조했다. 이해관계의 뿌리가 깊어지면 붕당 문제가 고질이 된다면서 그는 예를 들어 설명한다.

만약 열 사람이 똑같이 배가 고프다고 가정하자. 밥은 한 그릇뿐인데 모두 숟가락을 들이댈 것 아닌가. 하면 밥그릇이 비기도 전에 싸움이 일어난다. 그들이 가만히 따져보니 말이 불손한 사람이 있었다. 그러면 사람들은 모두 생각하기를, 이 싸움은 말 때문에 벌어졌다고 한다. 그다음 날에도 밥 한 그릇을 놓고 열 명이 나눠 먹는 상황이 재연된다. 밥그릇이 비기 전에 이번에도 싸움이 일어났다. 깊이 생각해보니 태도가 건방진 이가 하나 있었다. 그래서 사람들은 이 싸움이 불손한 태도로 말미암아 일어났다고 주장한다.

이어서 그다음 날에도 같은 상황이 반복되었다. 헤아려보니 행동이 거친 이가 있었다. 그래서 어떤 사람이 성을 내자 모두 벌 떼처럼 일어났다. 처음에는 대수롭지 않은 일이었으나 결국 큰 사건이 되었다. 입에 거품을 물고 눈을 부라리면서 모두 싸우고 말았다.

당쟁이 일어난 표면적인 이유는 그때그때 달랐다. 상대방의 말이나 태도, 사소한 행동에서의 실수가 원인처럼 보였다. 그러나 사실은 밥이 절대적으로 부족하다는 것이 근본적인 문제였다. 이처럼 이익은 자질구레한 현상 너머에 존재하는 본질적인 이유를 찾아냈다. 현대의 사회과학적 분석을 무색하게 만드는 날카로운 진단이다. 이익은 붕당 싸움의 역사적 근원을 이렇게 설명한다. 조금 뜻밖으로 보일 수도 있겠다.

과연 붕당은 무슨 이유로 생기는 것일까? 나는 그 이유를, 과거 시험을 지나치게 자주 시행하여 선발한 인원이 너무 많기 때문이라고 판단한다. 또 임금이 신하를 사랑하고 미워하는 것이 너무 편파적이어서 벼슬을 올리고 내릴 때 일정한 원칙이 없기 때문이기도 하다고 생각한다.

이런 주장을 입증하기 위해 이익은 당나라 때의 당파 싸움을 깊이 분석했다. 그때 중국에서는 과거 시험이 일반화되어 어제까지 들판에서 농사짓던 사람들이 모두 시험에 매달렸다. 게다가 공부를 아무리 열심히 해도 합격이 보장되지 않았다. 과거 시험에는 운이 크게 작용했다. 더 큰 문제도 있었다. 벼슬자리는 적은데 원하는 사람이 많아지자 당나라 조정은 관리를 자주 바꾸고 번갈아가며 여러 사람에게 자리를 만들어주었다. 그러자 불만을 품은 사람이 줄어들기는커녕 더더욱 많아졌다. 어떻게 된 일일까.

한정된 재물을 가지고 사람들의 무한한 요구에 대응하면 싸움이 벌어진다. 참으로 당연한 이치이다. 한 사람이 벼슬을 얻으면 그를 그림자처럼 따르고 메아리처럼 대답하는 무리가 생긴다. 그들은 모두 관리가 남긴 음식으로 배를 채우므로, 당파가 나뉘는 것 역시 빤한 이치이다.

그는 당쟁이 고질이 되고 만 까닭도 역사적으로 성찰했다. 조선의 인재 등용은 과거에 의존하는데, 처음에는 뽑는 숫자가 적어서 큰 문제는 아니었다. 그런데 선조 이후 합격자 수가 점점 늘어나서 시험에 합격하더라도 벼슬을 하지 못하는 사람이 차츰 많아졌다.

당파 싸움은 곧 자리싸움이었다. 그 때문에 한 당파가 정권을 쥐면 그들은 과거 시험을 멋대로 어지럽히곤 했다. 다음과 같은 식이었다.

'식당植黨(내 당을 심음)이라고 하여 현명한지 따지지 않고 우리 편을 무조건 합격시킨다. 또 청요직淸要職에 몽땅 우리 편을 집어넣는데, '장세張勢'(세력을 펼침)라고 한다. 그렇게 하면 정승 자리는 셋인데 그 자리를 노리는 대광大匡의 품계는 여섯이 가지게 된다. 또 판서의 자리는 여섯인데 그에 합당한 자헌대부의 품계는 열 명이 된다. 심지어 초헌軺軒(고관이 타는 수레)을 타고 비단옷을 입는 귀한 자리나 엄격하게 선발하는 대각臺閣(사헌부와 사간원) 자리도 자리 수에 비하여 그 자리를 지망하는 사람이 적어도 두 배 이상이다. 이런 판국이라, 반대당의 공격이 진정되기가 무섭게 안에서 내분이 시작된다.

이익의 설명이 명쾌하다. 이런 이유로 붕당마다 정쟁에 열을 올렸고, 권력을 장악하자마자 내홍에 빠진 것이다. 예외가 하나도 없는 일이었다. 그럼 이제 어떻게 해야 문제가 풀리겠는가? 당쟁을 막을 방법은 전혀 없을까. 왜 없겠는가. 원인을 파악하면 해결책도 나오기 마련이다. 이익은 이렇게 대답한다.

과거 시험 횟수를 줄여서 선비들이 난잡하게 굴지 못하도록 막아야 한다. 또 관리들의 근무평정[考課]을 엄격히 시행하여 무능한 이를 도 태시키자. 그런 다음 관직을 아껴서 아무에게나 주지 말고, 승진에도 신중을 기해 벼슬을 함부로 올리지 말아야 한다. 그리고 적합한 인재 를 구하여 자리를 지나치게 빈번히 옮기지 말아야 한다. 아울러 사적 이익이 나오는 구멍을 틀어막아 백성의 마음과 지향을 안정시킬 일 이다. 만약 이렇게 하지 못하면 설사 때려죽인다고 위협하더라도 당 파 싸움을 막지 못한다.

이 글에서 알 수 있듯, 성호 이익은 당대의 평범한 선비들과는 달랐다. 그는 명분과 절의 따위의 도덕적 가치로 사회현상을 진단 하지 않았다. 자기 당은 옳고 다른 당은 그르다는 단순한 관점이 아니라, 사회경제적 관점에서 당파의 문제를 깊이 파헤쳤다. 벼슬 이라고 하는 밥그릇, 즉 공급은 늘지 않으나 과거 급제라는 사회 적 수요가 너무 커서 격렬하고 고질적인 당쟁이 일어난다고 분석 하였다. 한정된 자원을 둘러싸고 혈전을 벌이는 세태라는 것이 이 익의 객관적인 진단이었다.

지금의 한국 사회도 비슷하다. 대기업의 취직자리 또는 누구나 선망하는 전문직은 수적으로 무척 제한되어 있다. 그런데 취업 일 신에서는 수십, 수백만 명이 모두 그 자리를 원한다. 피를 말리는 극단적인 경쟁이 일어날 수밖에 없다. 극소수 사람들만 원하는 직 업을 얻고 나머지는 잉여 자원으로 취급된다. 이를테면 '루저'가

되고 만다.

성호 이익은 문제의 원인을 과거 시험의 제도적 약점에서 찾았다. 당나라 때를 살피면 과거제도가 보편적인 관습으로 굳으며 지식 계층과는 거리가 먼 농민들까지 생업을 포기하고 죽기 살기로 시험에 열을 올렸다. 그 결과 사회가 불안해지고 벼슬에 대한 수요가 폭발했다는 분석이다.

또 다른 문제는 과거 시험을 통해 과연 훌륭한 인재를 골라낼 수 있는가 하는 보다 근본적인 물음이었다. 이익은 다른 글에서도 거듭 강조하기를, 하루 이틀만 치르면 그만인 과거 시험으로는 선비들의 실력을 제대로 평가할 수 없는 노릇이라고 하였다. 오늘날 취업 시험이나 각종 임용고시도 그렇지 않을까 싶다. 실력이 부족해도 운이 닿으면 쉽게 합격하기도 하고, 준비된 수험생이라도 조금만 실수하거나 시험 운이 따르지 않아 실패하는 일이 많을 것이다.

수요와 공급은 경제학의 기본 개념이다. 그와 같은 학술적 개념을 성호 이익은 한 번도 배운 적이 없었으나 스스로 발견해냈다. 〈붕당을 논한다〉에서 그가 내린 처방이 암시하는 것은 무엇일까. 21세기의 한국 사회는 인재를 다양한 방식으로 선발하는 개방적인 분위기를 조성하는 데 더욱더 많은 노력을 기울였으면 좋겠다. 누구라도 자신이 선 자리에서 당당하게 어깨를 펴고 살 수 있는 세상이 하루빨리 오기를 바란다.

성호 이익의 새로운 사상

이익은 당대의 사회 현실을 날카롭게 비판하였다. 요즘 식으로 말해 그는 지식인의 타락을 크게 문제 삼았다. 그 시절 이익이 보기에는 배웠다는 사람들이 하나같이 간사한 말을 일삼았다. 그들은 거짓말을 하는 데 이골이 나 있었다. 여간 꼿꼿하고 방정한 이가 아니고서는 줏대를 가지고 똑바로 살기 어려운 세상이었다. 대개는 그야말로 이름만 선비일 뿐 바람에 나부끼는 풀잎 같은 사람들이었다는 말이다. 그래서 이익은 자기 자신의 마음을 굳게 지켜야겠다고 결심하였다. 세상의 함정에 빠지지 않으려면 비상한 각오가 필요하다는 주장이었다.

성호 이익의 문집을 읽으며 나는 세 가지 사실에 매료되었다. 첫째, 이익은 동물에게도 도덕성이 있다고 주장했다. 그 무렵 조선 사회에서는 남녀노소를 막론하고 인간은 누구나 윤리적인 바탕이 있다고 믿었다. 이익은 거기서 한발 더 나아가 닭과 같은 가축도 윤리적인 존재라고 믿었다. 평생 벼슬길에 나아가지 못했기 때문에 그는 생활이 어려웠고, 그래서 부업으로 열심히 닭을 쳤다. 누구보다 닭을 자세히 관찰했기 때문일까. 하찮은 미물로만 생각하던 닭에게도 인의예지의 도덕심이 있다는 결론을 내리게 되었다. 이익은 병아리를 키우는 어미 닭의 행위에서 배울 점을 발견해 글을 짓기도 하였다.

19세기 서양의 과학자 찰스 다윈도 개를 무척이나 아꼈다. 그 역시 여러 마리의 개를 기르며 그들에게도 도덕성이 있다는 생각을 하게 되었다. 시간과 공간의 차이에도 두 사람의 대학자가 도달한 결론이 같았다. 여간 흥미로운 일이 아니다.

그런데 성호 이익의 시대에는 노론 일각에서 '인물성동이론人物性同異論'이 전개되었다. 즉 인성과 물성(동물의 본성)의 차이짐을 둘러싸고 진지한 논쟁이 있었다. 이 논의에 남인 실학자 이익도 발언권을 행사하였다고 볼 수 있겠다. 만약 이익의 주장을 수용한다면 동물 복지를 강조하는 현대인의 관점은 더욱더 설득력을 얻지 않을까.

둘째, 이익은 동시대인 가운데서는 이례적으로 서양 학문에 깊은 관심을 보였다. 이익의 저술 중에는 서학 서적인《천주실의》에 관한 장문의 서평도 있고 서양의 과학과 기술 전반에 대하여, 특히 천문학에 감탄한 글이 적지 않았다. 당시에 서양 문명을 이익처럼 진지하게 연구한 학자는 거의 없었다. 실로 선각자다운 태도였다. 그의 생전에는 서학에 관한 서적을 열람하는 것이 크게 허물할 일은 아니었으므로 운도 좋았다고나 할까.

이익이 사망하고 한참 시간이 흐른 뒤 세상 분위기가 험악해졌다. 윤지충이 어머니의 신주를 불태운 이른바 진산 사건(정조 15년, 1791)을 계기로 서학은 조정의 탄압을 받게 되었다. 그 시절 이익의 제자들도 서학을 둘러싸고 양편으로 갈렸다. 이익의 문하에는 순암 안정복처럼 서양의 종교(천주교)를 적극적으로 반대하는 이들이 있었는가 하면, 녹암 권철신(세례명 암브로시오)과 이암 권일신(세례명 프란시스) 형제처럼 천주교로 개종한 이들도 존재하였다. 그중에서도 권철신은 안정복의 사위였으니 인간적으로 볼 때 정말 안타까운 노릇이다. 천주교를 신봉하는 이른바 신서파와 그들을 공격하는 공서파의 명목이 생긴 이후로는 서로 불화가 심해졌다. 권철신 등은 천주교 박해 사건에 휘말려 목숨을 잃었다.

애당초 그들의 스승인 이익은 오직 서양 학문에만 관심을 두었다. 그는 서양의 종교를 일종의 미신으로 여겨 날카롭게 비판하였다. 조금 더 정확히 말해, 이익은 천주교뿐만 아니라 불교나 도교의 교리와 신비주의적인 세계관 역시 신뢰하지 않았다.

셋째, 이익은 형이상학 자체를 부정하였다. 그는 당대의 이름난 성리학자들이 일상생활과 유리된 채 고원한 철학적 개념에 매달리는 풍습을 날카롭게 비판하였다. 그는 공허한 개념을 깊이 파헤치기보다는 일상의 문제를 하나씩 차근차근 해결하는 것이 학자의 사명이라고 확신했다.

그는 학문의 모든 영역에서 연구 과제를 실증적이고 경험적인 방법으로 분석하려고 했다. 형이상학을 버리고 그 자리를 역사적인 연구 방법으로 채웠다고 할 수 있다. 앞에서 읽은 〈붕당을 논한다〉를 보더라도, 이익은 당나라와 송나라 때의 당파 문제를 역사적으로 점검하였다. 내가 보기에는 이익이야말로 조선 후기가 낳은 최초의 근대적 역사학자이다.

이익은 역사적 연구 방법을 통해 몇 가지 고정관념 또는 통념을 부정했다. 공자의 시대에는 4대봉사(부, 조부, 증조부, 고조부)의 풍습이 없었다는 사실을 비롯해 공자와 맹자가 일찍이 아버지를 잃고 편모슬하에서 자랐다는 전설은 믿을 수 없다는 점도 여러 문헌을 동원해서 증명하였다. 또 유교 경전을 읽을 때 주자를 비롯한 대가들의 주석을 무조건 믿고 따를 것이 아니라, 항상 자료를 수집하여 비판적으로 해석해야 한다고 주장하였다. 그는 전통이라는 우상으로부터 스스로를 해방한 근대적 지식인이었다.

그렇다면 그의 경험적이고 비판적이며 역사적인 연구 방법을 이어받은 후계자는 누구였을까. 《동사강목》을 지어 역사가로서 명성을 얻은 순암 안정복의 이름이 가장 먼저 떠오른다. 이익과 안정복이 주고받은 많은 편지를 살펴보면 그들이 관습과 편견에서 벗어나기 위해 얼마나 많은 노력을 기울였는지 알 수 있다. 제자인 안정복은 성호 이익의 《성호사설》을 정리하여 《성호사설유선》을 편집하기도 했다.

그런데 이익의 학문적 관점과 태도를 고스란히 이어받은 학자는 따로 있는 것 같다. 평생 503권이나 되는 거질의 《여유당전서》를 저술한 다산 정약용이야말로 이익의 진정한 후계자가 아니었을까. 정약용은 10대 후반부터 이익의 저작을 읽었다. 중년에는 이익의 제자 및 후손들과 함께 이익의 문집을 교열하기도 하였다. 정약용은 이익의 학문적 업적과 인품에 매료된 나머지 만년에 이르기까지 그를 참스승으로 믿고 흠모하였다. 뿌리가 깊은 나무라야 열매도 향기로운 것일까.

연암 박지원, '법고창신'의 길을 열다

박지원의 《연암집》(제1권)을 읽다가 나의 눈길이 〈초정집 서문[楚亭集序]〉에 닿았다. 숨 쉬는 것도 잊을 만큼 글 속으로 빠져들었다. 왜 그랬는지 설명하는 것은 조금 나중으로 미뤄두고, 그 첫 대목을 함께 읽어보자고 부탁하고 싶다.

문장을 어떻게 쓸 것인가? 전문가들은 주장하기를, '법고法古'(옛 문물을 본받음) 해야 한다고 말한다. 그 바람에 세상에는 옛글을 모방하고 본뜨면서도 부끄러워하지 않는 사람들이 생겨났다. 왕망王莽*의 《주관周官》으로도 예악을 제정할 수 있고, 양화陽貨가 공자와 얼굴이 닮았다고 하여 만세의 스승이 될 수 있다는 주장인 셈이다. 어찌 '법고'를 해서 될 일인가.

그러하면 '창신刱新'(새로 만듦)이 옳지 않을까. 이런 생각 때문에 세상에는 괴상하고 허황한 문장을 지으면서도 두려운 줄 모르는 사람들이 나타났다. 이는 세 발의 긴 장대(법가의 엄한 명령을 상징)가 국가 재정에 기틀이 되는 도량형보다 낫고, 이연년李延年(한 무제 때의 음악가)의 신성新聲(유교 전통과는 다른 새로운 음악)을 종묘 제사에서도 사용할 수 있다

---

* 중국 전한 말 황위를 찬탈하고 신新을 건국했다. 여기서는 유교 도덕에 비추어 어긋난 왕을 뜻한다.

는 말이 된다. 이러고서야 어찌 '창신'을 해서 될 일인가.

　박지원은 이렇게 글을 잘 쓴다. 문장을 어떻게 쓸 것이냐고 물음을 던지더니, 우리를 이러지도 저러지도 못할 궁지로 몰고 간다. 법고도 창신도 모두 어렵다면 이제 어떻게 해야 하는 것일까. 문장가 박지원이 오랫동안 고민한 문제가 바로 이것이었을 것이다. 박지원은 한 가지 해결책을 제시했다.

　창신을 하겠다며 엉뚱한 재주를 부리기보다는 차라리 법고에 매달리다가 고루해지는 편이 나을지도 모르겠다.

　〈초정집 서문〉을 읽어보면, 이런 주장을 펴기 하루 전날 밤에도 박지원은 제자 박제가와 과연 올바른 글쓰기란 무엇인지를 두고 밤새 토론했다. 그러다가 드디어 날이 밝아오자 스승 박지원은 지난밤에 두 사람이 주고받은 이야기를 정리하여 서문으로 꾸민 것이다.

　이 글은 제자 박제가의 문집 《정유문집》(제1권)에 〈서序〉라는 제목으로 실려 있기도 하다. 두 글을 비교해보면 약간의 차이가 보인다. 박지원이 문집에서 '법고法古'라고 쓴 것을 박제가는 '학고學古'라고 표현했다. 자잘한 차이는 또 있다. 《정유문집》에는 박제가의 나이가 열아홉이라고 되어 있으니, 본래의 서문은 우리가 《연암집》에서 읽은 최종본보다 4년 먼저(영조 44년, 1768) 작성되었음을 알 수 있다. 처음에 박지원은 문장의 작성 원리를 '학고'와 '창신'으로 나누었는데, 후일(영조 48년, 1772)에 이를 '법고'와 '창신'으로 고친 것이었다.

이 글을 시작하면서 나는 글맛이 너무 좋아 숨소리도 내지 못할 정도였다고 말하였다. 과장된 표현이겠으나, 그 정도로 흥미로웠다는 말이다. 그 이유를 다음과 같이 셋으로 나누어서 간단히 적어 보겠다.

첫째, 연암 박지원이 개성적인 문장을 쓰기 위해 많은 노력을 기울였다는 점이 눈에 들어왔다. 16세기에 조선의 삼당시인은 자신들의 작품이 마치 당나라의 시문인 듯 보이게 하려고 노심초사하였다. 개성은 별로 중요하지 않았다. 점필재 김종직 이후로 조선의 문장가들은 성리학에 몰입한 나머지 보편성을 강조하며 모범 답안을 작성하기에 바빴다. 그들은 작가의 독특한 취향을 드러내기보다는 시대가 선호하는 미의식에 맞춰서 담담하고 평범하면서 격조 있는 글을 생산하는 것이 목적이었다.

그러나 17세기에 교산 허균이 나타나서 작가의 개성을 가치 있는 것으로 만들었다. 연암 박지원에 이르러서는 개성 있는 글쓰기가 평생의 화두로 승격되었다. '법고창신'이라는 새로운 미학적 지향점이 마련된 것이다. 이는 조선의 문화계에 신풍조가 일어났다는 산 증거이다. 그런 점에서 박지원의 이 글은 하나의 역사적 이정표라고 평가해도 좋을 것이다.

둘째, 나는 이 글에서 박지원의 날카로운 문화 비평적 시각을 발견했다. 그는 자신의 시대와 비교적 근접한 중국 명나라의 문단 실정을 마치 손금 들여다보듯 정확하게 읽었다. 명나라에서는 법고파와 창신파가 일대 혼전을 벌였는데, 끝까지 귀일점을 찾지 못하고 공멸하였다. 박지원은 이러한 상황에 주목하여 문학에 새로운 지평을 열고자 했다. 그가 비판적인 관점에서 이웃 나라의 문예사조를 비평하였다는 사실이 매우 인상적이다.

박지원이 법고창신이란 새로운 문장론을 주장한 사실은 동아시아의 문예사적 사건이었다. 그에게는 동아시아의 문학사를 꿰뚫는 역사적 통찰이 있었다. 박지원은 수백 년 동안 조선 문화계를 지배한 김종직의 문장 미학을 구체적으로 거론하지 않았으나, 법고창신이란 새 지표를 제시하였다. 김종직의 미학 따위는 굳이 거론할 가치도 없었다는 뜻으로 해석할 수도 있겠다. 이 어찌 흥미롭지 않은가.

끝으로, 나는 이 글에서 장차 조선 사회에서 일어날 문화투쟁의 서막을 보았다. 연암 박지원이 법고창신의 기치를 펼쳐 든 지 20년쯤 흐른 뒤, 정조는 문체반정을 본격적으로 시작한다. 조선 후기의 문예부흥을 꾀한 것으로 정평이 있는 우리의 자랑스러운 왕 정조. 그는 당송팔대가로 소급되는 고전 문체의 중요성을 강조하며 조선 문화계에 복고풍을 강요한다. 정조가 보기에 연암 박지원의 대표작 《열하일기》는 최우선적으로 수정해야 할 나쁜 문체의 전형이었다.

알다시피 정조가 고전 문체를 고집한 것은 문장만의 문제가 아니었다. 그것은 국가 이념에 관계되는 중대한 사안이었다. 왕은 성리학적 규범에 충실한 조선 사회를 재건하고자 했다. 그런 점에서 박지원과 박제가를 포함한 신지식인들에게 정조의 문체반정은 문화적 반란이요, 보수 반동과의 결전을 뜻했다. 박지원은 이 고비를 어떻게 넘겨야 할지 고민하게 될 것이었다. 나는 박지원의 〈초정집 서문〉을 읽으며, 아련히 피어오르는 화약 연기를 맡는 듯한 느낌이 들었다. 이처럼 위대한 문장이란 보이지도 들리지도 않지만 엄연히 실존하는 포성이기도 하다.

추사 김정희가 '실사구시'를 학자의 나침반으로 삼다

정조도 박지원도 모두 사라진 역사의 무대에 홀연히 등장한 또 한 명의 천재가 있었다. 추사 김정희였다. 그는 내로라하는 대갓집의 자손이었다. 그러나 바로 그런 이유로 세상에서 버림받았다. 정치란 늘 그런 식이 되기 쉽다. 그러나 자신을 둘러싼 시대의 그림자가 깊어갈수록 김정희의 예술적 재능과 학문적 성취는 더욱 영롱한 빛을 띠었다.

두말할 필요조차 없이 김정희는 역사에 길이 남을 서예의 달인이요, 청나라의 고증학자들과도 친분이 각별한 대학자였다. 또 성리학의 울타리를 뛰어넘어 불교에 귀의한 이인異人이었다. 참으로 특별한 인재였다.

김정희가 쓴 많은 글이 우리에게 지적 영감을 준다. 아래에서는 그가 젊은 시절에 쓴 것으로 짐작되는 〈사실에서 진리를 찾는다 [實事求是說]〉를 소개할 생각이다. 실지에서 진리를 찾는다는 표면적인 주장쯤이야 누구나 안다. 그러나 김정희가 바로 그런 주제로 일종의 논문을 저술했다는 사실은 모르는 이가 적지 않을 것이다.

문제의 글은 실사구시가 학문의 올바른 방법이라는 선언으로 시작한다. 그는 한나라 때 선비들을 높이 평가했다. 그들은 경전을 훈고訓詁(풀이하고 해석함)하였는데, 그 정밀함과 진실함이 최상의 수준이었다고 했다. 과연 한나라 때는 형이상학적 논의가 없었다. 대신 주석이란 것이 있어서 사실을 바탕으로 진리를 발견하는 데 도움이 되었다. 김정희는 바로 그 점을 강조했다. 그 뒤 위진남북조 시대가 되자 사람들은 노자와 장자의 탈속적 사고에 기울었다. 게다가 불교가 크게 유행하여 학계의 풍토는 더욱더 달라졌다. '사실에서 진리를 찾는다'라는 말의 의미가 잊혔다.

이런 지적은 물론 김정희만의 고유한 주장은 아니었다. 청나라 고증학자들의 일반적인 견해였다고 볼 수 있다. 그런 청나라 학자들의 영향을 받아 김정희는 송나라의 성리 철학을 높이 평가하였고, 육왕陸王(육구연과 왕수인)의 학파인 양명학을 거칠게 공격했다. 김정희는 양명학자들이 실없이 공허한 주장으로 선비들을 유혹하여 사실상 단박 깨침을 신봉하는 선불교와 다름없이 되었다며 비판했다. 이것은 불교의 개념을 가져다가 유교로 바꾼 것보다 더욱

심했다고 김정희는 판단했다.

그럼 이른바 성현의 도리는 어떤 것일까. 김정희는 비유를 통해 설명한다. 그것은 갑제대택甲第大宅(크고 화려한 집)과 같다고 보았다. 집주인은 늘 당실堂室(여러 채의 집과 방)에 거처하고 있어 문경門逕(올바른 길)이 아니면 들어가서 만날 수 없다고 했다. 김정희의 생각으로는 한나라 학자들이 연구한 훈고학이 문경에 해당했다.

그러나 훈고는 하나의 방법일 뿐이었다. 그것만으로 공부가 완성되지 못한다. 당실에 들어가야 주인을 만날 수 있지 않은가. 그럼 한나라 이후의 공부 방법은 당실에 들어가는 참된 공부였을까. 김정희는 그 점에 회의적이었다.

특히 송대 이후의 성리학자들은 비현실적인 형이상학적 이론에 휩쓸렸다. 이러한 학문적 풍토를 거부하고 성현의 도는 공리공론으로 도달할 수 없다는 것이 청나라 고증학자들의 공통된 견해였다. 이처럼 고증학은 실증을 강조하는 데 뚜렷한 특징이 있었는데, 김정희는 그들의 연구 방법을 옳게 여겼다. 학자라면 마땅히 진실을 강구할 일이요, 헛된 것에 의지하지 말아야 한다는 것이다. 그럼 참된 공부법을 어디서 어떻게 발견할까. 그가 내린 결론이 인상적이다.

학문하는 법을 배우려면 굳이 한 나라니 송나라니 하는 한계를 정할 필요가 없다. 굳이 정현, 왕숙과 정자, 주자의 장단점을 비교할 필요도 없다. … 오직 심기心氣(기분)를 침착하게 하여 널리 배우고 독실히 실천할 일이다. '사실에서 진리를 찾는다'는 한마디 말만 확신하고 앞으로 나아가는 것이 옳다.

추사 김정희의 글 〈사실에서 진리를 찾는다〉를 읽으며 나는 여러 가지 생각을 해보았다. 우선 내가 강조하고 싶은 한 가지 사실이 있다. 청나라 때 고증학자들은 성리학을 비판하며 실사구시를 내세웠다. 조선에서 이러한 고증학의 진가를 알아본 이가 추사 김정희였다.

또 김정희가 당파에 구애되지 않았던 점도 흥미롭다. 그는 노론의 북학파 인사였으나 당파가 다른 남인 출신 정약용과도 학문적으로 교류하였다. 실학 시대의 대미를 장식한 중요한 인물이 김정희였다.

아울러 김정희의 관점에 변화가 있었다는 사실도 말하고 싶다. 〈사실에서 진리를 찾는다〉에서 그는 송나라 육구연陸九淵이 펼친 돈오설頓悟說을 실사구시에 정면으로 반대되는 주장이라 보았다. 아울러 그런 전통을 물려받은 명나라 왕수인王守仁의 양지론良知論도 함께 공격했다. 김정희는 그들이 유교를 불교로 만들어놓았다며 심하게 비판하였다. 그러나 훗날 김정희는 불교에 귀의했다. 젊은 시절에는 유교적인 관점에 국한되었으나 차츰 그런 편향적인 태도를 버리게 되었다는 점은 주목할 만하다.

문득 한 가지 물음이 생긴다. 젊은 시절의 김정희는 실사구시에 충실한 훈고학의 전통을 강조하였던 셈인데, 하면 그는 일관되게 고증학의 길로 묵묵히 나아갔을까. 그것이 과연 김정희에게 가능한 일이었을까? 그 역시 불가능했다. 깊이 생각해보면, 학자가 일생 동안 오직 한 가지 방향으로 나아가야 할 의무는 없다. 더욱이 김정희처럼 다재다능한 천재에게 연구 주제와 방법을 하나로 제한하는 것은 안 될 일이다. 그에게 필요한 것은 구속이 아니라 자유였을 것이다.

하지만 김정희가 생애를 마칠 때까지도 〈사실에서 진리를 찾는다〉라는 글은 두 가지 점에서 유효했다고 보고 싶다. 첫째, 공자와 맹자의 사상적 요체는 단순하다는 확신은 변하지 않았다. 사물의 본질에 도달하기 위해서라면 공허한 형이상학에 호소할 것이 아니라, 경험적이고 실천적인 방법을 택해야 한다는 깨침이 노년에 이르기까지 일관되었다.

둘째, 김정희는 항상 특정한 주의와 노선에 종속되지 않았다. 그에게 가장 중요한 것은 진리를 발견하고 실천하는 삶이었다. 그러기 위해서는 교조적인 태도를 지양하고 실용의 관점에서 모든 학설을 검토하여 자유롭게 취사선택하는 작업이 필요했다. 그는 이념이나 노선의 노예가 되기를 거부하고 자신의 성취를 위해 모든 학설을 자유롭게 만날 수 있기를 소망했다. 그런 점에서 김정희란 천재의 삶은 우리 사회에도 실용의 시대가 다가왔음을 알리는 전령이었다.

개화 시대를 연

문장가

19세기 중반에 이르자 인류의 역사는 한반도 지식인들에게 값비싼 청구서를 내밀었다. 서구의 사상과 제도가 세상을 휩쓰는 시대가 되었으니 하루빨리 서구식 근대화, 즉 '개화'를 하라는 요구였다. 당시 중국은 영국의 침략(아편전쟁)으로 심각한 타격을 입었고 이에 놀란 일본은 새로운 진로를 모색하였다. 조선의 지식 사회도 가만히 앉아 있을 수만은 없었다.

하지만 그때까지도 지식인 대다수는 세상이 장차 어떻게 변화할 것인지를 몰라 두려워하기만 할 뿐이었다. 극소수의 선구자들만이 소심스레 우리가 나아갈 새 길을 준비하였다. 혜강惠崗 최한기崔漢綺(1803~1879)와 환재瓛齋 박규수朴珪壽(1807~1877)로 말하면 그중에서도 가장 걸출하였다. 혜강은 방대한 저술을 남긴 대학자로서 그 시절의 신지식에 누구보다 통달하였다. 그는 청나라에서 번역한 각종 서적을 탐독하며 급변하는 시대적 조류에 알맞게 조선이 나아갈 길을 암중모색하였다. 그와는 달리 명가자제로 권력의 중심부에 가까웠던 환재는 정치·사회적으로 이 나라의 운명을 개척하느라 여념이 없었다.

당대 최고의 문장가이기도 하였던 두 사람이 후세에 남긴 문헌을 읽으며 그들의 속생각을 짐작해보는 것도 의미가 있을 법하다. 비록 실패한 역사라 해도, 우리는 거기서 귀중한 교훈을 발견할 수 있다.

성리학 전통에서 탈출한 신지식인 최한기

19세기 조선 최고의 지식인이 누구냐고 물으면 나는 서슴없이 혜강 최한기를 꼽을 것이다. 그는 성리학의 전통에서 완전히 벗어나 이기설理氣說이니 예학禮學 같은 낡은 사상으로부터 자유로운 신지식인이었다. 최한기는 인의예지로 집약되는 유교적 도덕률을 타고난 본성이라고 여기지 않을 만큼 철저한 경험론자였다. 새로운 독서가 그에게 탈바꿈을 선사한 것이었다.

19세기 중반 중국에서는 서양의 과학기술과 의학을 한문으로 번역한 책자가 다수 간행되었다. 최한기는 서울의 자택에 칩거하며 이런 책들을 구해 열심히 읽었다. 그러고는 자율적 근대화를 꿈꾸는 신지식인이 되었다. 당시 조선 사회에서는 매우 보기 드문 깨달음이었을 것이다. 그 역시 선배들처럼 한문으로 저술 활동을 하였으나, 이미 근대적인 과학자라고 불러도 좋을 정도였다. 그는 개화 시대의 문을 열어젖힌 인물로 평가할 만하다.

아래에서는 그가 남긴 두 개의 짧은 논설문을 읽어볼 생각이다. 첫째 글은 세계의 문자를 하나로 통일할 때가 왔다는 주장을 담은 논설이다. 두 번째는 모든 지식은 결국 경험에 바탕을 둔다는 그의 지론을 적은 글이다. 두 글은 모두 그의 저서 《신기통神氣通》(제1권)에 실려 있다.

우선 세계 문자의 통일에 관한 글 〈세상의 문자를 하나로 통일하자[四海文字變通]〉부터 살펴보자.

문자는 언어를 통하게 하는 표지이다. 각 나라에서 사용하는 글자는 형태가 다르고 쓰는 법도 서로 달라 어디서는 (오른쪽에서) 왼쪽으로 쓰기도 하고 다른 나라에서는 (왼쪽에서) 오른쪽으로 쓰기도 한다. 수직으로 내려서 쓰기도 하고 왼쪽, 오른쪽 및 수직 방향을 섞어서 쓰기도 한다. 획수가 많은 문자도 있고 획수가 적은 것도 있다. 어찌 절대로 바꾸지 못할 법칙이 있겠는가.

박학다식한 최한기가 이쯤 모르겠는가. 인류가 사용하는 문자가 많은 만큼 그 원리도 다양하고 모양도 제각각임을 그는 잘 알고 있었다. 다양한 언어와 문자가 교통하는 세상이라 통역 또는 번역이 중요함은 물론이다. 그런데 번역이 쉬울 리 없다.

문사文辭의 문맥이 불분명해 혼란스럽다든가, 어떤 글의 내용 가운데 핵심적인 부분이 잘못 소개되는 어려움이 따른다. 이것은 번역자의 능력이 부족해서 생기는데, 번역 기술은 사람에 따라 교묘하기도 하고 용렬하기도 하며 예리하거나 둔한 차이가 있다. 과거 천하가 서로 교섭하지 않던 시대에는 이런 문제가 결함이랄 것도 없었다. … 하지만 이제 서양의 여러 지역과 모두 교통하게 되므로 상선은 교역에 대비해야 한다. 병선兵船(전함)도 전쟁의 위험을 예방하는 준비를 해야 할 것이다.

만약 우리가 문자를 하나로 통일한다면 어떠할까. 그러면 피차의 사정이 통하여 서로 화해할 방법도 생기려니와 상대방을 위로하고 가르쳐주는 방법도 충분히 갖추어질 것이다. 또 서책을 깊이 연구하여 글의 뜻을 파악하는 데도 장애가 사라지게 되리라. … (문자도) 서로 나뉘어 분열하는 것을 피하고 모두 화합하는 방향으로 나아갈 수 있다. 서양의 모든 나라가 중국의 문자를 사용하는 날이 올 것이라 본다.

최한기가 이 글을 쓰고 있을 때 중국과 일본에는 서양 사람들이 들어와 활동하고 있었다. 서구 열강이 주도하는 무역이기는 하였지만 그 또한 활발하였다. 조선만 고립되어 있었다. 최한기는 중국에서 들어온 신간 서적을 읽고 이런 사정을 환히 알고 있었다. 놀랍게도 그때 그는 문자 또는 언어의 통일을 꿈꾸었다. 매우 앞서 나갔다 해도 과언이 아니다.

그는 중국에 영화서원英華書院(1843년 창립된 대학)과 견하서원堅夏

書院(1830년 창립된 기독교 출판사)이 설립되어 번역 사업을 담당한다는 사실을 알고 있었다. 그러나 그가 중국 문화 중심으로 편향적인 사고를 했다고 속단하지는 말자.

내 뜻은 저쪽이 이쪽보다 좋다거나 이쪽이 저쪽보다 낫다고 말하려는 것이 아니다. 단지 문자는 하나로 통일하여 사용해야 한다는 취지일 뿐이다. 서양의 여러 나라에도 혹시 나와 같은 뜻을 가지고 있는 사람이 있을까? 한두 해에 성사될 일은 아니므로 후세에 거는 기대라 하겠다.

이 글에서 보듯 최한기는 당시까지도 선비 대다수가 매달리던 문제, 즉 오랑캐니 문명국이니 하는 화이론華夷論에서 벗어났다. 그는 장차 세계 문자가 한자로 통일되기를 바란다고 말하였으나, 그것은 중국 문화가 가장 우월하다고 여겨서 한 말이 아니었다. 최한기는 어느 한쪽 문명이 다른 쪽보다 우월하다고 여기지 않았다.

그는 서양 여러 나라와 통상하는 것을 당연한 일로 생각했다. 그러면서도 이해관계가 충돌하여 장차 전쟁이 일어날 가능성을 염두에 두었다. 이 글을 쓴 해는 정확히 알 수 없으나 1850년대 초반이었을 것이다. 《한국민족문화대백과사전》 같은 문헌에서는 헌종 2년(1836)으로 추정하지만 그것은 오류이다. 그의 글에 나오는 영화서원과 견화서원의 창립 연도를 고려하면 그렇게 볼 수 없다.

19세기 중반 동아시아에서 최한기와 같은 생각을 한 지식인이 과연 몇이나 되었을까. 동서 문명의 자유롭고 대등한 소통과 교역을 꿈꾼 최한기는 보배로운 존재였다. 그러나 조선의 지배 세력은 최한기를 철저히 외면하였다. 그와 친구가 되어 마음을 주고받은 당대의 지식인도 드물었다. 그런 이가 있었다면 대동여지도를 그린 고산자 김정호 정도였다. 최한기는 아마 너무 세상을 앞서 살았던 모양이다. 한 마리의 제비가 왔다고 해서 봄이 바로 시작되지는 않는다. 그러나 분명한 사실은, 겨울철에 북쪽으로 날아오는 제비는 결코 존재하지 않는다는 점이다.

차원이 다른 경험주의자

이제 최한기의 또 다른 논설문 〈과거와 지금 세상의 경험은 다르다[古今人經驗不等]〉를 읽어보자. 우리에게 익숙한 맹자의 성선설과도 다를 뿐만 아니라, 앞에서 읽은 연암 박지원의 법고창신과도 차원이 다른 경험주의자의 새로운 주장이다.

옛사람이 고난을 겪고 정력을 기울여 깨달은 것을 나는 귀와 눈으로 쉽게 받아들인다. 정력을 소모하지 않고 그 지식을 얻기도 하고 약간 힘을 써서 천천히 체득하기도 한다. 이는 옛사람이 계발하여 이끌어주는 공덕이다. 만약 내가 귀와 눈으로 그것을 보거나 듣지도 못하였다면 알 수 없었을 것이다.

후세에 태어났기 때문에 상당한 이점이 있다는 고백이다. 그러나 낡은 지식에 만족한다면 발전이 없을 것이다. 최한기는 발전을 추구한 신지식인이었고, 그랬기 때문에 어느 누구도 아직 연구하지 않은 분야를 탐구하였으며, 중간에 맥이 끊어져 후세가 전달받지 못한 지식이 무엇인지 궁금하게 여겼다.

가령 옛사람이 단서는 밝혔으나 끝까지 구명하지 못한 주제가 있다면 후세는 기왕에 축적된 경험을 토대로 새로운 사실을 밝힐 수 있다는 이야기이다. 그리하여 최한기는 "옛사람과 오늘날의 우리가 서로 소통하여 협동하고 힘을 모아 새 지식에 도달한다"라고 주장했다.

앞에서 우리는 연암 박지원의 법고창신, 즉 옛사람의 지혜를 바탕으로 신지식을 열고자 한 강한 열망을 발견했다. 그런데 박지원은 그것이 실천하기 어려운 일이라고 고백하였다. 그러나 최한기는 다르다. 그에게서는 전 시기에는 볼 수 없던 자신감이 느껴진다. 조선은 아직 개항도 하지 않았으나, 신지식인 최한기는 문명의 진보를 확신하였다.

"예와 오늘을 두루 참작하면 학문을 완성할 수 있다." 이것이 최한기의 확신이었다. 그는 여러 세대의 경험을 바탕으로 제작된 달력[日曆]의 우수성을 알고 있었고, 서구의 천문 지식 전반에 놀라운 발전이 일어난 데 감탄하였다. 최한기는 문명 발달의 원리를 일컬어 하늘과 사람이 함께 이룩한 '신기神氣'라고 불렀다.

신지식인 최한기는 박지원과는 반대 방향을 바라보았다. 예와 오늘에 두루 통하지 못할 바에는 오늘의 학문을 더욱 소중히 여긴 다고 했다. 박지원은 이런 경우 과거의 지식을 탐구하겠다고 말했 을 것이다. 또 두 사람은 관심 분야도 서로 달랐다. 박지원이 문장 의 세계로 상징되는 인문학에 몰입한 것과 달리 최한기는 자연과 학에 초점을 두었다. 물론 두 사람의 공통점도 있다. 그들은 형이 상학을 배격하였다. 그런데 그 정도에서 최한기가 더욱 철저하였 다. 그는 이렇게 말한다.

교묘한 말과 기이한 담론 따위는 신기의 세상에서 결코 용납되지 않 는다. 만약 신기를 알고 그것을 근거로 주장하지 않는다면, 어떤 주 장이라도 사실무근이든가 사람을 속이는 행동에 지나지 않는다.

이처럼 형이상학과 신비주의를 철저히 배격한 이는 드물었다. 최한기는 만물의 원리(신기)를 논리와 경험에서 구했다. 그는 일찍 부터 서울에 살았으나 본래는 개성 출신이다. 최한기는 조상에게 상당한 재산을 물려받았던 모양으로, 평생 독서와 저술에 몰두할 수 있었다. 현재 남아 있는 저술이 120여 권이나 된다. 그런데 인 용문에서 보듯 그는 전통적인 동양 고전이 다루지 못한 새 분야의 지식에 환호하였다. 그는 중력에 관한 뉴턴의 이론을 탐구하였고, 서양의 근대 의학에도 상당한 조예가 있었다.

말년에 그가 쓴 《신기천험身機踐驗》은 번역서를 통해 배운 서양 의학을 소개한 것이다. 그는 사람의 몸을 일종의 기계로 인식하였

최한기가 제작한 것으로 추정되는 지구의地球儀. 정치·경제·과학 등 다방면에 식견이 높던 최한기는 서양 과학기술의 도입을 적극적으로 주장하였다. (숭실대학교 한국기독교박물관 소장)

다. 즉 신기身機가 운화運化(움직이고 변화시킴)하는 기계라는 뜻으로 서양의 기계론적 사유를 내면화하였다는 점에서 참으로 흥미롭다. 알다시피 일본에서는 18세기부터 난학자蘭學者(네덜란드를 중심으로 서양학을 연구한 학자)들이 서양의 근대 해부학에 큰 관심을 보였다. 그에 비하면 최한기의 깨침은 뒤늦은 감이 있기는 하다. 그렇더라도 그가 해부학은 물론 근대적 병리학에까지 관심의 영역을 확장한 것은 놀랍다.

번역서를 통해 서양의 근대적 학문에 심취한 최한기. 그의 학문적 사고는 조선의 학문적 전통에서 더욱 멀어져갔다. 우리가 함께 읽은 논설문에서 확인한 것처럼 최한기는 경험에 기반하지 않은 일체의 지식을 거부할 만큼 확고부동한 경험주의자가 되었다. 그가 여러 해 동안 읽은 새로운 번역서들, 다시 말해 새 시대의 문장이 신지식인 최한기를 탄생시킨 동력이었다. 근대의 새날이 조선에 밝아왔다고 선언하고 싶다.

한 가지 아쉬운 점은 있다. 조선의 주류 사회는 최한기를 철저히 외면했다는 사실이다. 안타깝게도 그는 죽을 때까지 학계의 '왕따'였다.

세계정세를 탐구한 환재 박규수

혜강 최한기가 순수한 학문적 입장에서 새 시대의 도래를 예측하였을 때 조선의 정치 실세는 무엇을 하고 있었을까. 연암 박지원의 손자 환재 박규수가 나의 시야에 불쑥 들어온다. 박규수는 하루가 다르게 세상이 바뀌고 있음을 절감하였다. 고종 9년(1872), 그는 세계정세를 정탐하기 위해서 북경으로 갔다. 당시의 지배자이던 흥선대원군에게 요청하여 스스로 사행 길을 떠난 것이다.

여름에 북경으로 떠난 박규수는 그해가 다 지나갈 때에야 귀국하였다. 사신 일행이 국경을 넘어 의주에 도착하자, 그는 서울에서 자신의 귀환을 애타게 기다리는 아우 박선수에게 편지를 보냈다. 아래에서는 그 편지를 읽어보려고 한다. 거기에는 별지가 한 장 첨부

문장의 시대, 시대의 문장

되어 있어 더욱 관심을 끈다. 두 장의 편지는《환재집》(제8권)에 〈아우 온경에게 보내는 편지 38〉이라는 제목으로 잇따라 수록되었다.

첫 번째 편지를 쓴 것은 임신년(고종 9년, 1872) 납월臘月(12월) 6일이라고 되어 있다. 그 당시 박규수는 66세로 노년이었다. 그리고 두 번째 편지는 그 이전에 작성한 것으로 정확한 날짜는 모르겠으나 역시 아우에게 보냈다. 북경에서 박규수가 어떻게 지냈는지, 그리고 무슨 생각을 하고 있었는지를 자세히 기록한 편지이다.

편지의 수신자인 박선수는 당시 나이 52세로 이미 장년에 접어들었다. 박선수 또한 당대의 명인이었다. 그는 고종 1년(1864) 문과에 장원급제한 이래 벼슬길에 나아가 나중에는 형조판서까지 지냈다. 그는 금석학에도 정통하여《설문해자說文解字》를 크게 보충한《설문해자익징說文解字翼徵》을 저술하기도 하였다. 한마디로 두 형제는 연암 박지원의 손자로 명가의 자손이라는 사회적 명성도 있었던 데다 천문학과 수학을 비롯한 실용 학문에 상당한 조예가 있어 평판이 좋았다. 그들은 우애도 깊어서 많은 편지를 주고받았다.

첫 번째 편지에서 박규수는 중국 여행의 목적을 간단히 설명하고, 그 성과는 어떠했는지 평가하였다.

한여름에 시작한 여행길이었네만 한겨울에 돌아가게 되었네. … 이번 여행은 유람이 목적은 아니었지. 중원의 명사들과 교분을 맺고자 해서 떠난 것이었네. 예전에 나와 교분을 맺은 이들은 모두 북경을 떠났더군. 오직 연초硏樵(동문환, 박규수의 친구)의 아우 문찬(청 말의 관리이자 학자)만 남아 있었다네. 그런데 대혼大婚(청나라 황제 동치제의 결혼식)이 9월 15일이라, 그때까지는 중국의 조사朝士(관리)들과 서로 어울릴 틈이 없었다네.

드디어 그날이 지나자 반차班次(중국 조정의 공식 모임)에서 사람을 만나기도 하였고, 내 이름을 듣고 객관客館(사신의 숙소)으로 찾아와준 사람도 있었다네. 물론 다른 자리에서 교분을 맺은 이도 있었네. 적어도 한 번은 만난 사람들을 모두 헤아려보니 80여 명이었네. 이만하면 널리 교유했다고 말할 수 있겠네.

사실이 그러했다. 이미 노경에 접어든 박규수가 사행 길에 나선 데는 특별한 이유가 있었던 것이다. 그는 중국의 명공거경名公巨卿(고위층)을 많이 사귀어 세상 돌아가는 형편을 정확히 알고 싶어 했다. 한반도를 둘러싼 국제정세의 급변을 예감했기 때문이다.

그러나 이번 여행에서 박규수는 소기의 목적을 이루지 못했다. 옛 친구들은 이미 고향으로 돌아갔고, 새로 만난 젊은 관리들은 특출하지 못하였다. 그는 아우에게 이렇게 실토했다. "교유한 사람은 많았으나 그저 술과 음식을 마련해 돌아가며 초대하고 농담이나 나누며 즐길 뿐이었지. 어찌 내 뜻에 맞는 일이라고 하겠는가."

여행 중 뜻밖의 수확이라면 팽옥린彭玉麟(훗날 병부상서를 역임)이란 유망한 관리를 사귄 것이었다. 그는 향용鄕勇(향병)을 모아 남비南匪, 곧 태평천국군을 평정할 때 큰 공을 세웠다. 증국번曾國藩(청 말의 명신)의 추천으로 벼슬길에 올라 전도유망한 인물로 평판이 자

자하였다. 북경 체류 중 박규수는 팽옥린을 여러 차례 만났다. 서로 의기가 투합해 친밀한 관계가 되었다. 그러나 박규수의 인물평은 냉정하였다. "용모는 특별하지 않았고 남보다 특이한 점도 찾기 어려웠네." 또는 이렇게도 말했다. "그가 가슴속에 품은 경륜은 각별히 뛰어난 것 같지도 않았고, 특별한 경국제세經國濟世의 책략을 가졌다고 보기도 어려울 듯하네." 결과적으로 박규수의 평은 정확했다. 훗날 팽옥린은 위기에 빠진 청나라를 위해 이렇다 할 공적을 하나도 이루지 못했으니 말이다.

북경에 간 가장 중요한 목적은 서양에 관한 정보를 수집하는 것이었다. 박규수는 백방으로 노력한 끝에, 유럽에 다녀온 청나라 사신 숭후의 형을 만나 많은 이야기를 들었다. 그 점을 다음과 같이 담담한 필치로 서술하였다.

경오년(고종 7년, 1870) 겨울, 천진흠차대신天津欽差大臣 숭후崇厚가 천자의 명을 받들어 프랑스에 갔다네. 프랑스가 사신을 파견하여 중국과 통호通好하기를 여러 차례 주장하였기 때문에 어쩔 수 없이 보낸 것이라고 들었네.* 금년 여름에 사신 일행이 돌아왔다네. 그들은 영국과 프랑스[法國], 독일[布國]과 미국 등을 둘러보고 왔다고 하더군. 만약

---

* 사실은 1870년에 일어난 천진교안天津教案(반기독교 사건) 때 프랑스 신부를 해쳤기 때문에 사죄하러 갔다.

이 사람(숭후)을 만날 수만 있으면 오랑캐의 사정을 자세히 들어볼 수 있었을 것이네. 그러나 만나기 어려웠어. 그런 만남을 주선해줄 사람도 찾을 수 없었네.

숭후를 만나지 못한다면 그와 친밀한 사람이라도 만나야겠다고 박규수는 생각했다. 그는 숭후의 주변 인물을 폭넓게 물색하였다.

좀 더 생각해보니, 숭인경崇麟慶의 둘째 아들이 있었네. 숭인경이 소유한 반묘원半畝園*은 내가 여러 번 가보았네. 숭후의 형 숭실崇實은 사천장군四川將軍으로 재임하다가 해임되었지. 지금은 북경으로 돌아와서 몽고상백기도통蒙古廂白旗都統에 임명되었다고 들었네. 우리나라 사람 중에는 그들과 사귄 사람이 아무도 없었지. 그래서 내가 한번 찾아가서 만나볼 생각을 했네. 마침 숭실의 문객 중에 복문섬濮文暹이라는 이가 있는데, 서은경(서상우, 조선 말기의 관리)이 아는 사람이었지. 서은경이 보낸 편지를 보고 복문섬이 나를 찾아왔네. 그를 통해 우선 숭실의 아들 숭신崇申을 만났고, 반묘원에서 만나 함께 놀기로 하였지. 드디어 숭실은 자신의 아들에게 내 이야기를 듣고는 날을 정해 약속을 잡았네. 이리하여 숭실을 만나게 되었지.

---

* 본래는 청나라 초기의 명사 가한복賈漢復의 정원이었다.

문장의 시대, 시대의 문장

정말 집요한 노력이었다. 박규수는 서양에 관한 정보를 갈구하였던 것이다. 그렇지 않고서야 어찌 이처럼 백방으로 노력을 기울였겠는가.

숭실에게 들은 말인데, 그의 아우가 명을 받들어 프랑스에 갔을 때 그 나라 왕(나폴레옹 3세)이 독일에 포로로 잡혀갔다네. 그리하여 새 임금이 즉위하기를 기다려 천자의 명을 전하고 돌아왔다고 하네. 독일의 강성함은 서역西域보다 대단하지만 이번에는 러시아[俄羅斯]가 비밀리에 도와준 덕분에 승리하였다고 하더군. 그의 설명에는 들을 만한 것이 많았네.

박규수는 서양 사정을 나름대로 깊이 연구하였다. 그러고는 다음과 같은 결론을 얻었다.

천하의 대세를 따져보면 가장 큰 근심은 러시아인 것 같네. 지금의 소용돌이는 바로 신강新疆(현 위구르자치구)에 일이 생겼기 때문이네. 이 역시 러시아의 도움이 있었기 때문이라 짐작되네.** 중국의 사대부들이 이 점을 늘 염려하였으나 만인滿人(만주족)은 쾌락만 좇으며 아무

** 1795년 신강은 청나라 영토가 되었으나 1864년에 독립했다. 1872년에는 러시아가 그 독립을 승인했다.

런 대비도 하지 않았네. 또 한족 선비들은 문약文弱하여 서양을 소홀히 여기고 있어, 장차 천하의 일이 어떻게 될지 걱정이네.

만주족은 나태하여 믿을 수 없고, 한족 지식인은 능력도 의지도 박약하여 천하의 일이 어떻게 될지 걱정이었다. 박규수의 귀로는 발걸음이 가볍지 않았다. 장차 러시아의 남하가 염려되는 상황이었다. 유럽에서든 아시아에서든 러시아의 영향력이 나날이 증대하고 있어 박규수의 가슴속은 근심으로 가득하였다. 그러나 아무리 둘러보아도 중국에서는 문제를 해결할 만한 인재를 발견할 수 없었다. 조선은 장차 사상 초유의 역사적 난제를 어떻게 해결할 것인가. 박규수는 눈앞이 깜깜했다.

후세가 알다시피 박규수는 실학사상을 계승하였을 뿐만 아니라 개화사상의 선구자로서도 중요한 역할을 하였다. 그는 두 번이나 중국에 사신으로 다녀오는 행운을 잡았다. 실학자 박지원의 친손자로서 국제적 감각이 남다른 그였다. 당시 중국의 내부 사정은 엉망이었다. 10년 넘게 태평천국의 난이 계속되어 재정이 더욱 부실해졌고, 설상가상으로 철종 11년(1860)에는 청나라 수도 북경이 영국과 프랑스 연합군에게 함락되었다. 황제 함풍제는 부랴부랴 열하로 피란을 떠났고, 우리나라 조정에서는 위문사를 보냈다. 박규수는 그때 사절단의 부사副使로서 열하에 다녀왔다(철종 12년, 1861). 그는 세상의 흐름이 바뀌고 있음을 실감하였다.

이후 평안감사 시절, 그는 미국과 무력 충돌을 직접 체험하였다. 그는 고종의 승인을 얻어 대동강으로 들어온 미국 상선을 침몰시켰다. 싸움을 시작한 지 사흘 만이었다. 조선도 서양 열강의 침략에서 더 이상 안전지대가 아니라는 점이 그에게는 더욱 분명해졌다(제너럴셔먼호 사건, 고종 3년, 1866).

그리고 나서 6년 뒤 사행을 이끄는 정사正使가 되어 다시 북경을 방문한 것이다. 앞에서 말한 대로 그때 박규수는 되도록 많은 중국의 문인들과 만나려고 노력하였다. 편지에는 나오지 않았으나, 그는 중국에서 양무운동이 어떻게 전개되고 있는지 정확히 관찰하였고 서양 사정도 탐지하였다. 이후의 정치적 노력은 만족스러운 결과를 낳지 못하였으나, 동아시아에 위기가 다가오고 있다는 그의 인식은 더욱 날카로워졌다.

북경에서 돌아온 지 얼마 안 되어 박규수는 우의정에 임명되었다. 그 자리를 물러난 뒤 그는 북촌의 자택에서 김옥균을 비롯하여 박영효, 서광범, 유길준, 김윤식 등을 모아놓고 개화와 통상이 불가피한 시대라는 점을 누누이 강조했다. 그의 가르침에 힘입어 노론 집권층의 청년자제들 가운데 개화파가 형성되었다. 다 알다시피 그들은 훗날 갑신정변(고종 21년, 1884)을 일으켜 이른바 '위로부터의 근대 개혁'을 시도하였다. 하지만 국내외의 여건이 불리해 그들의 개혁은 겨우 사흘 만에 실패하고 말았다.

박규수는 왜 나라를 혁신하지 못했을까

박규수에게는 운양雲養 김윤식金允植(1835~1922)이라는 제자가 있었다. 그는 구한말의 개화사상가로 복잡다단한 삶을 살았다. 김윤식이 쓴 한 편의 글, 〈신해년(1911)에 환재집에 나오는 서양 선박에 관하여 중국에 보내는 공문서에 덧붙여서 쓰다[書瓛齋集洋舶咨後辛亥]〉가 나의 시선을 끈다. 이 글에는 충직한 제자 김윤식이 곁에서 바라본 스승의 모습이 다음과 같이 묘사되어 있다.

이것은 물론 내(김윤식) 생각이지만, 우리나라는 대륙의 한 모서리에 위치해 외교 사무를 알지 못하였다. 병인년(고종 3년, 1866) 미국 선박이 조난당하고 나서 미국이 사신을 보내 여러 차례 통상을 요구하며 화친을 맺고자 하였다. 그러나 온 나라가 시끄럽게 떠들며 모두 척화斥和를 최고로 여겼다. 조정의 논의도 그와 같았다. 선생(박규수)께서는 당시에 문병文柄(대제학으로 외교문서를 주관)을 쥐었으나 자신의 의견을 내세우기 어려웠다. 그리하여 공문이 오갈 때마다 이치에 근거하여 상세하게 진술하고 완곡하게 돌려 말하며 나라의 체면을 지키는 데 힘쓸 뿐이었다. 나라의 문을 걸어 잠그고 통상을 물리친 것은 선생의 뜻이 아니라 형편상 부득이하였다.

1860년대 후반, 김윤식은 박규수의 제자로서 스승을 모시고 지냈다. 그래서 박규수의 진정한 뜻이 무엇이었는지 누구보다 정확

문장의 시대, 시대의 문장

히 이해하였다. 오랜 세월이 지난 뒤에도 그는 박규수가 들려준 가르침을 또렷이 기억하였다. 제자가 후세에 전하는 스승의 말은 이러했다.

내(박규수)가 들은바, 미국은 지구상의 나라들 가운데서 가장 공평하다는 평가가 있다. 어려움을 바로잡거나 분쟁을 해결하는 데 능하다고 들었다. 또 부유하기가 세계에서 으뜸이라 영토의 야욕이 없다 한다. 그들이 주장하지 않더라도 우리가 먼저 외교 관계를 맺기에 힘써서로 굳게 동맹을 체결해야만 고립되지 않을 수 있겠다. 그런데도 도리어 미국을 밀어내고 물리쳤으니 어찌 국가가 장래를 도모하는 방법이겠는가?

그 당시 박규수는 조선이 청국에 보낸 자문咨文(외교문서)을 집필했다. 글의 요점은 미국과의 수교에 반대하는 것이었으나, 이는 결코 박규수의 뜻이 아니었다는 증언이다. 그로부터 10년이 지난 을해년(고종 12년, 1875)과 병자년(그 이듬해)에 조선은 일본과 단교를 선언하였다. 그때 박규수는 이미 현직을 떠난 몸이었으나 침묵하지 않았다.

김윤식의 증언에 따르면, 그는 "판단의 옳고 그름과 편안하고 위태로운 형상을 당사자에게 거듭 설명하여 큰 소리로 꾸짖고 입술이 마르고 혀가 상할 때까지 그치지 않았다"고 한다. 일본과의 수교가 불가피하다는 점을 역설했다는 뜻이다. 조정에서는 박규수의 견해를 받아들이지 않다가 막판에 이르러 이를 수용하였다. 이것이 일본과 체결한 최초의 불평등조약인 강화도조약이었다. 아쉬운 점이 많은 것은 사실이지만, 조선이 언제까지나 근대적인 세계 질서를 외면할 수는 없었다.

박규수가 눈을 감은 지 5년 후(고종 19년, 1882) 청나라의 북양대신 이홍장은 조선에 미국과의 조약을 알선하였다. 이어서 서양 각국과도 조약을 맺도록 주선하였다. 이것은 모두 박규수가 생전에 바라기만 했을 뿐 실천에 옮기지 못한 일이었다. 국내의 반대 여론이 거셌기 때문이다. 기왕 일이 그렇게 될 줄 알았더라면 좀 더 일찍감치 개항도 하고 서구 여러 나라와 통상 관계를 맺는 편이 낫지 않았을까. 이렇게 생각하는 사람이 많을 것 같다.

박규수는 1860년대 초반부터 이미 동아시아에 깊숙이 진출한 서양 세력과 교섭하지 않을 도리가 없다고 느꼈다. 그는 안정된 국내 정치를 바탕으로 각국과 균형 있는 외교 통상을 하게 되기를 소망하였다. 그러나 대원군이 물러난 뒤 국내의 정치적 리더십은 실종되었고 세계정세에 어두운 사람들이 무조건 개화를 반대하는 풍조가 날로 팽배했다. 박규수와 그의 동지 및 제자들이 계몽운동을 펴기도 전에 조선은 국내외의 혼란으로 빠져들어 끝내 좌초하였다.

자신과 생각이 다른 사람을 설득하는 능력이 박규수에게 있었더라면 더욱 좋았을 것이라는 아쉬움이 있다. 그러나 말은 쉬워도 어느 누구도 감당하지 못할 난제였다. 안타까운 일이지만 19세기 후반 한국 근현대사의 비극은 이런 식으로 시작되었다. 당대 제일의 문장가 박규수의 글을 읽으며, 비록 150년도 더 지난 옛일이기는 하지만 슬픈 심정을 참기 어렵다.

제2부

문장의 시대

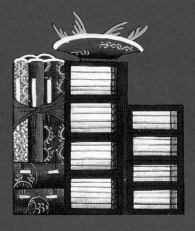

명화를 글로

풀어 쓰다

시서화詩書畫는 문인의 필수 교양이었다. 영조 시대 선비 표암 강세황도 그랬고, 누구나 아는 19세기의 우뚝한 문장가 추사 김정희역시 이 세 분야의 달인이었다. 김정희는 특히 문자향文字香과 서권기書卷氣를 강조했다. 책을 많이 읽고 교양이 쌓여 문자에 향기가풍기지 않으면 그림이든 글씨든 모두 생명력이 없다는 뜻이다.

문장과 서화는 그렇게 밀접한 관계라서, 뛰어난 그림을 만나면선비는 붓을 꺼내 자신의 느낌을 글로 기록하지 않을 수 없었다.조선 전기의 문장가로 시서화에 두루 뛰어났던 사숙재私淑齋 강희맹姜希孟(1424~1483)의 고백이 시사적이다(강희맹, 〈이중중이 그림을 논한글에 답하다[答李仲仲論畫說]〉).

풀과 나무, 꽃을 주의해서 관찰하면 내 마음에 드는 것이 보인다. 마음에 들면 저절로 손(붓)이 움직이기 마련이다. 그림이란 것도 그와 같다. 신묘한 한 폭의 그림이란 신묘한 천기天機이다. 때때로 먹의 힘을 빌려 그림을 그리는 것은 천기와 함께 노니는 것이다. 세상 사람들이 모아놓은 아름다운 꽃을 좌우에 늘어놓고 아름답고 고운 것을 자랑만 하는 사람과는 큰 차이가 있다.

그러나 누구나 서화에 두루 능통하기는 어려웠다. 서화를 눈앞에 두고 감상하는 것으로 만족하는 선비가 대부분이었다. 그리하여 수많은 감상문이 선비의 붓끝에서 구름처럼 피어났다. 서화 작가와 문장가가 그림을 사이에 두고 품위 있는 대화를 나눈 것이다. 참된 교양이란 그처럼 장르의 한계를 넘어선 소통일 텐데, 나 같은 현대인은 이른바 전공이라는 협소한 틀에 갇힌 채 삭막하게 살고 있는 것 같아 안타깝다.

박팽년의 〈몽유도원도 서문〉

지난 30여 년 동안 나는 조선 시대가 낳은 여러 문장가의 글을 두루 읽어보았다. 우리 역사상 최고의 명문장가가 누구인가? 누군가 내게 이런 질문을 던진다면 박팽년을 으뜸으로 꼽고 싶다.

우선 그의 글은 논리가 정연하였다. 또 아무리 짧은 글이라도 글쓴이의 시점을 전후좌우로 이동하여 입체적으로 서술하였다. 게다가 박팽년은 사물의 형태를 세밀하게 묘사하고 사건의 전후 관계를 요령 있게 기술하는 데 누구보다 탁월하였다. 논증도 완벽한 데다 논리적 추론에도 능하였다. 또 그는 글의 구도를 마음대로 확대하기도 하고 축소하기도 하였다. 꽉 짜인 글의 구도와 흥미진진한 서사에 사유의 깊이를 더하였다.

단종에게 충성을 다하느라 하나뿐인 목숨까지 바쳤다는 사실은 부언할 필요도 없을 것이다. 그는 말과 행동이 일치하는 역사상 보기 드문 문장가였다. 감히 박팽년을 조선 제일의 문장가라고 말하는 데는 실로 여러 가지 이유가 있는 셈이다.

문종과 세조의 아우 중 명필로 이름난 안평대군(세종의 셋째 왕자)이 있었다. 형제 살해의 비운이 닥치기 전인 세종 29년(1447) 4월 20일 밤의 일이었다. 당년 30세의 안평대군은 꿈속에서 무릉도원武陵桃源을 탐방하는 행운을 얻었다. 학문과 예술에 뛰어난 안평대군은 자신의 꿈을 〈몽유도원기夢遊桃源記〉라는 글로 기록하였고, 화가에게 부탁하여 그림으로도 남겼다. 안견이 그린 '몽유도원도'가 그것이다. 그림도 글도 당대 최고의 명작이었다. 집현전의 여러 학사를 비롯해 당대의 내로라하는 문인들이 그 글과 그림을 감상하고는 자신들의 소회를 담아 주옥같은 시문을 남겼다.

평소 안평대군은 여러 문인 가운데서도 박팽년을 가장 높이 평가했다. 그는 몽유도원도와 그에 관한 여러 시문을 엮어 한 권의 책자를 만들 때 박팽년에게 서문을 써달라고 부탁하였다. 안평대

몽유도원도(1447). 안견은 안평대군의 꿈 이야기를 듣고 3일 만에 그림을 완성했다고 한다. (일본 텐리대학교 중앙도서관 소장)

문장의 시대, 시대의 문장

군의 말에 따르면, 그가 꿈에 무릉도원을 찾아갔을 때 박팽년도 동행하였다고 한다. 얼마나 서로 가까웠으면 진기한 꿈속의 비경까지 함께 구경하였을까 싶다. 박팽년은 안평대군의 설명을 기쁜 마음으로 듣고 〈몽유도원도 서문〉을 지었다. 이 글은 박팽년이 사육신이 되어 비참한 죽음을 맞은 다음 오랜 세월이 지난 뒤에 후세가 수습한 것이다(박팽년, 《박선생유고》 참조).

박팽년은 글의 시작을 다음과 같이 평범하고도 논리적인 문장으로 열었다. 겉으로는 참 쉬워 보이지만 이렇게 글을 쓰기란 정말 어려운 일이다.

수백 년[百代]이 흘러도 잊히지 않는 일이 있다. 사람들의 이목을 참으로 끌어당긴 기괴한 일이 아니라면 어찌하여 오랜 후일까지 전해질 수 있으랴. 전해오는 도원桃源에 관한 옛날이야기도 그러하니, 이것은 시가詩歌 형태로 된 것이 거의 대부분이다. 나는 후세 사람이라 직접 (도원을) 보지도 듣지도 못하였다. 그저 시가의 줄거리만 가지고 답답한 마음을 달랜 지 오래이다.

구성도 긴밀하고 군더더기가 없는, 나무랄 데 없이 훌륭한 글의 출발점이다. 글쓴이 박팽년은 왜 도원에 관한 글을 직접 쓰게 되었던 것일까. 설명을 조금 더 들어보자.

어느 날이던가. 비해당匪懈堂(안평대군)이 손수 지은 〈몽유도원기〉를 보여주었다. 그가 노닌 자취도 광범위하였거니와 문장도 오묘하였다. 깊은 골짜기에서 흘러내리는 냇물의 모습이라든가 곳곳에 만발한 복숭아꽃의 모습이 옛날부터 전해 내려오는 시가의 내용과 다름이 없었다. 내가 그와 함께 노니는 무리에 끼어 있었다니! 글을 읽다가 나도 모르게 탄성을 질렀다. 옷깃을 여미고 감탄하며, 나는 '이런 일도 다 있었구나. 정말 기이한 일이다!'라고 생각하였다.

우리가 익히 아는 안평대군의 꿈 이야기이다. 대군은 꿈속에서 무릉도원을 방문하였는데, 그 곁에 박팽년이 있었단다. 그는 대군이 쓴 〈몽유도원기〉를 읽은 후 몽중의 그런 사실을 알게 되었다고 썼다.

동진東晉은 천 년도 더 된 일이며, 도화원桃花源이 있다는 무릉武陵은 우리나라에서 거리가 만 리도 넘는다. 이처럼 먼 바다 밖의 나라에서, 그것도 천 년 넘게 다시는 아무도 찾지 못한 그곳을 다시 찾아가서 그 시절 경치를 구경하였다니, 이처럼 기괴한 일이 있겠는가.
옛사람이 말하였다. "정신으로 접하면 꿈이 되고, 육신으로 만나면 현실이다. 낮에 생각한 것을 밤에 꿈에서 보는 것은 정신과 육신이 함께 만난 것이다." 그렇다. 우리 몸이 비록 외부의 사물과 접촉하더라도 안으로 사물을 주관하는 정신이 없다면 육체적 접촉은 없는 것과 다름없다. 그렇다면 인간의 정신은 육체에 의존하지 않고 자립할 수 있는 법인가. 사물에 기대지 않고도 스스로 존재하여 느낌대로 외물과 통한다. 그것은 굳이 속도를 내려 하지 않아도 저절로 신속하기

그지없어, 말이나 문자로 표현할 바가 아니다.

어찌 몸이 깨어 있을 때 겪은 것만 참으로 옳다 하겠으며, 꿈속에서 겪은 것은 정말 그르다고 부정할 수 있으랴. 더욱이 사람이 이 세상을 살아가는 것 또한 한바탕 꿈이라고 할 수 있지 않은가. 어찌하여 옛사람이 경치를 구경한 것은 사실이고 오늘날 구경한 것은 꿈이라고 집착하여, 옛사람의 기괴함만 인정하고 요즘 사람의 체험은 그만 못하다고 주장할 것인가.

글쓴이 박팽년은 꿈과 현실의 거리를 재본다. 그 과정에서 옛 현인의 주장이 등장하고, 그 자신의 헤아림이 뒤따른다. 현실과 꿈의 차이는 상식적으로 판단하듯 그렇게 크지 않다. 육체와 정신의 관계를 가만히 생각해보면 인식이 사물의 구체성에 우선한다. 그러므로 현실과 가상의 경계는 구불구불 흐르는 것이다. 이것이 박팽년의 주장이다.

꿈과 생시를 구별하는 일은 옛날의 현인도 어렵게 여겼다. 어찌 내가 감히 그분들의 틈에 끼어 이론을 제기할 수 있을까. 이제 기괴한 일에 관한 글을 읽었고 그런 일을 상상하며 평소 내가 먼 곳으로 유람을 떠나고자 한 소망도 이루었으니, 그것만으로도 다행이다.

세월의 풍파 속에서도 안평대군의 글은 살아남았고, 박팽년의 서문도, 안견의 그림도 모두 무사하다. 그 글과 그림을 감상하고 성삼문 등 20여 명의 문사가 쓴 기문도 온전히 남아 있다. 실로 다행한 일이다. 현실 정치가 때로 무고한 인재의 목숨까지 앗아가지만, 예술혼이 담긴 글과 그림은 끝내 그 풍상을 버텨낸다.

자하 신위의 '묵죽도'를 바라보며
우국충정을 고백한 창강 김택영

구한말의 문장가 창강滄江 김택영金澤榮(1850~1927)은 〈자하 신위의 묵죽도를 보고 기록한다[題紫霞申公緯墨竹]〉는 시를 남겼다(김택영, 《소호당집》, 제2권).

시랑(참판, 신위)의 묵죽도는 온 세상에 유명하지요.
이 작품은 더욱더 빼어나 적적함을 깨뜨리네.
흥이 솟아 높은 벽에 다시 걸었다오.
마침 창밖은 한밤중, 눈보라가 휘날립니다.
侍郞墨竹名天下 此作尤堪破寂寥
興至新從高壁掛 隔窓風雪夜蕭蕭

총총하고 빽빽하네, 천 줄기 옥 같은 대나무.
대 그림자가 텅 빈 숲속 바위에 낀 이끼를 쓸어내듯.
앞으로 바짝 다가서면 볼 수 없지요.

서릿발도 눈발도 같은 칼날이 내 마음 찌릅니다.

叢叢密密千竿玉 影掃空林石上苔

却是近前看不得 霜鈀雪鍔刺人來

임은 수염을 흔들며 그리셨을 테지요.

벽로음방(신위의 서실)에서 빗발처럼 붓을 날리셨을 듯해요.

천 명의 궁녀를 쫓아낸 공손대랑의 칼춤처럼 날카로운 대나무입니다.

명문장 구양순이 사흘 동안 쓰다듬었다는 삭정*의 비석 글씨와도

같아요.

想到掀髥把筆時 碧蘆吟舫雨如絲

千人倒退公孫舞 三日摩挲索靖碑

대아**의 진정한 재주시라, 오묘한 진리를 깨친 선경禪境이요.

맑은 시구는 한 글자 한 글자 소선***의 뒤를 이으셨네.

임은 당연히 싫어하셨으리라, 푸른난새 꼬리로 만든 붓 휘둘러

헛된 이름 훔쳐 그럭저럭 사는 것을 말이오.

大雅眞才妙覺禪 淸詞字字接蘇仙

---

*   서진西晋 시대의 서예가이다.

** 《시경》의 편명. 여기서는 훌륭한 시가를 일컫는다.

*** 송의 명문장가 소식. 흔히 소동파라 부른다.

應嫌一束青鸞尾 盜竊虛名過百年

창강 김택영은 매천 황현, 영재 이건창과 함께 구한말의 시단에 우뚝한 시인이요, 절조 높은 선비로 길이 청명淸名을 남겼다. 나라가 망하자 창강은 중국으로 망명하여 끝내 일제에 머리를 숙이지 않았다. 푸른 절개가 빛나는 조선 선비의 대명사라 하겠다. 그가 하필 왜 선비의 푸른 기상을 담은 신위의 묵죽도를 노래했는지 짐작할 만하다.

그림을 그린 자하紫霞 신위申緯(1769~1845)도 결코 평범한 선비가 아니었다. 18~19세기를 대표하는 시서화의 거장이요, 이정, 유덕장과 함께 조선의 3대 묵죽화가로 손꼽히는 인물이었다. 김택영은 신위의 묵죽도뿐 아니라 그의 시집《자하시집》을 애호해 중국의 망명지에서 간행할 정도였다.

잠시 앞의 시를 새겨보자. 한 장의 풍경화가 눈앞에 떠오른다. 때는 창밖에 눈보라가 휘몰아치는 추운 겨울밤이었다. 김택영은 벌써 몇 시간째 신위의 '묵죽'을 완상하고 있다. 그림 속 대나무 잎새는 서릿발 같기도 하고 칼날 같기도 하다. 마음을 찌르는 시퍼런 비수처럼 그것은 살아 있다. 그 날카로움은 검무로 이름난 공손대랑의 칼끝을 능가하고, 중국의 이름난 서예가가 남긴 삭정의 글씨보다도 더욱 찬란하다.

창강이 언제 이 글을 썼는지는 정확히 알 수 없으나 한 가지는 불변이다. 그의 시대는 시종일관 혼란하여 결국 국운이 끊기고 말

문장의 시대, 시대의 문장

자하 신위의 묵죽도 墨竹圖. (국립중앙박물관 소장)

왔다. 평시에는 누구나 대나무의 충절을 노래한다. 그러나 패색이 짙어가는 나라의 형편을 목격하자 슬그머니 변절이 시작되었다. 멀쩡한 선비들 가운데도 외국의 앞잡이로 나서는 이가 많았다. 그러나 김택영은 배운 그대로 살고자 했다. 누구도 그의 매서운 충절을 꺾을 수 없었다. 눈보라가 쏟아지는 추운 겨울밤, 김택영은 신위의 묵죽도를 끌어안고 하염없이 눈물지며 단심丹心을 맹세한 것이다. 말로는 하기 쉬워도 끝내 내면의 가치를 지키기란 얼마나 고단한 일인가. 그래도 누군가는 창강처럼 그 길을 갈 것이다.

추사 김정희가 석파 이하응의
난초 그림에 놀라다

사람들이 잘 모르는 이야기도 있다. 예술의 천재 추사 김정희의 제자 중 석파石坡 이하응李昰應(1820~1898)이 있었다. 고종의 생부인 이하응은 흔히 흥선대원군이라 불린다. 그의 난초 그림과 글씨는 천하일품이었다. 알고 보면 그는 김정희의 조카이자 제자였다. 김정희는 이하응보다 무려 서른네 살 연상으로 재주 많은 조카를 아껴, 정이 듬뿍 담긴 편지를 여러 번 보냈다. 그 가운데 하나를 소개한다. 이하응의 난초 그림에 관한 내용이 화제였다.

서릿발이 번쩍번쩍 빛나니 손으로 잡으면 차가움이 느껴질 테지요.

꽃 필 때 한 번의 약속이 있었으나 시간이 무심히 흘러 (만나지도 못하고) 오늘에 이르렀군요. 바깥 풍경을 바라보니 마음이 서글퍼집니다.

살피건대 늦가을철에 평안하시다고요. 위로가 많이 되는군요. 그런데 공사 간 일이 많아서 마음을 많이 쓰고 있는 것 같아요. 염려를 놓지 못하겠습니다. 저는* 이미 늙었고 병도 있지요.

가을이 되자 병이 더욱 깊어 쇠한 기운을 지탱할 수 없을 지경입니다. 초목과 함께 썩어가는 것이 바로 늙은이의 분수라고 해야겠어요. 보여준 난초 그림은 말이지요, 이 늙은이도 두 손을 모으며 찬탄해야 옳아요. 압록강 동쪽에는 이만한 작품이 없지요. 결코 제가 좋아하는 사람(이하응) 듣기 좋으라고 꾸민 말이 아닙니다. 옛날 이장형李長蘅(명나라의 유명 화가)이 이런 화법을 보였지요. 오늘 그 법을 다시 보게 되다니요. 어쩌면 이렇게 신기할까요. 합하閤下(이하응을 높여 부름)도 이 화법이 어디서 나온 줄 몰랐다니, 그야말로 저절로 법도에 맞아떨어진 묘한 지점이네요. 나머지 말씀은 벼루가 얼어서 이만 줄이고, 예를 갖추지 못하네요.

한마디로 극찬이란 이런 것이 아닐까 한다. 우리에게 김정희는 '불이선란不二禪蘭'이란 명화의 작가로도 알려져 있다. 그만큼 난초

---

* 이때 김정희는 스스로를 척생戚生이라고 지칭했다. 이는 친척으로서 자신을 겸손하게 낮추는 말이다.

를 잘 치는 이가 역사에 드물었다. 그런데 조카 이하응이 보내준 난초 그림을 보고 입을 다물지 못했다. 압록강 동쪽, 조선에는 일찍이 이런 그림이 없었다며 칭찬하였다.

추사가 보기에 이하응의 석란石蘭은 이름난 명나라의 화가 이장형과 자웅을 겨룰 만하였다. 이장형의 화법을 몰랐는데도 이하응은 그와 같은 형식으로 대단한 걸작을 그렸다. 이 편지는《완당전집》(제2권)에 실려 있다.

김정희의 편지를 읽노라면 그의 겸손하고도 부드러운 성품이 느껴진다. 조카를 사랑하는 마음도 가슴에 와닿고, 별로 긴말을 늘어놓지 않으면서도 하고 싶은 말은 다 했다는 느낌이 든다. 우리도 김정희처럼 쓸 수 있다면 몇 줄의 메시지로도 친구나 가족과 오순도순 정을 나눌 수 있으련마는 그게 잘 되지 않는다. 문장력이 부족한 탓이다.

훗날 이하응은 자신의 난초 그림을 묶어 한 권의 두루말이를 만들었다. 김정희는 그것을 주의 깊게 살펴본 다음 기쁜 마음으로 제문을 써주었다. 당대의 문인 화가들이 난초를 많이 그리지만 하나같이 '망작妄作'에 지나지 않는다고 혹평하면서 이하응의 난초 그림만은 다르다고 말하였다(김정희,《완당전집》, 제6권, 〈석파의 난권에 쓰다[題石坡蘭卷]〉).

석파는 난에 깊으니 대개 그 천기天機가 청묘淸妙하여 서로 근사한 점이 있기 때문이다.

추사 김정희의 난국도 蘭菊圖. (국립중앙박물관 소장)

난초란 성질이 맑고 오묘한 까닭에 그것을 그리는 사람도 성품이 그와 같지 않으면 좋은 그림이 될 수 없다는 주장이었다. 김정희 역시 젊은 시절에는 난을 잘 쳤으나 그림을 중단한 지가 이미 20여 년이나 되었다고 했다. "사람들이 혹 와서 (난초 그림을) 요청하면 모두 사절하였으니, (자신의 처지는) 마치 마른 나무와 차가운 재가 다시 살아날 수 없는 것과 같았다." 그처럼 딱한 처지라서 김정희는 이하응의 그림을 보면 더더욱 반가운 마음이 든다고 고백하였다.

김정희는 이제 더 이상 자신이 직접 그리지는 못하지만 난 그림에 관한 자신의 지식을 이하응에게 전달하는 것으로 만족한다고 하였다. 그는 이하응에게 더욱더 분발하기를 부탁하며 "나에게 요구하고 싶은 사람들은 (이제) 석파에게 요구함이 옳다"라고 못 박았다.

석파 이하응의 난도 蘭圖. (국립중앙박물관 소장)

문장의 시대, 시대의 문장

알다시피 김정희는 서화에 통달한 예술가일 뿐만 아니라, 19세기 중반을 대표하는 최고의 지식인이었다. 그때는 나라 바깥 사정에 관해서도 김정희만큼 해박한 지식을 가진 이가 거의 없었다. 그런 점을 감안할 때 그가 사랑한 제자 이하응의 식견에 관하여도 우리는 잘못된 통념을 벗어날 때가 되었다. 흥선대원군 이하응은 무조건 쇄국정책만 고집할 정도로 편협하고 옹색한 인물이 아니었다. 그로 말하면 서양 세력이 뛰어난 지식과 무기를 앞세워 물밀 듯 아시아를 향해 진출해 오는 사정을 누구보다 잘 알고 있었다. 이하응의 역사적 선택은 무지의 소산이었을까, 아니면 깊은 고뇌 끝에 내린 역사적 선택이었을까.

후세인 우리는 결과를 잘 알기 때문에 쇄국정책을 한마디로 매도하기가 쉽다. 그러나 우리가 그 시대의 권력자였다면 과연 무엇을 어떻게 하였을지 궁금하다. 따지고 보면 21세기에도 세상은 급변하는 중이다. 오늘의 선택이 미래 한국의 모습을 낳을 터인데, 우리는 얼마만큼 진취적인가. 역사의 거울에 거듭 비추어 볼 일이다.

티끌세상 버리고

방외로 떠나가다

문장가란 대개 당대를 대표하는 지식인이다. 그 가운데는 현실 사회의 모순에 유난히 민감한 이가 있었다. 세상을 억누르는 지배 체제의 부당성을 그들이 용인하기란 불가능한 일이었다. 그러나 목청을 돋워 부조리를 비판하더라도 세상이 정상으로 되돌아올 가능성이 없어 보인다면 어떻게 할 것인가. 길이 여럿으로 갈리고야 말 것이다.

동주東州 이민구李敏求(1589~1670) 같은 이는 어지러운 속세를 벗어나 명산대찰을 찾을 때가 많았다. 그는 깊은 산속에서 홀로 고승의 흔적을 더듬으며 심적 안정을 이루려 했다. 당대의 고승들과도 교분을 맺고 찻잔을 비우며 망중한을 즐길 때도 적지 않았다. 동주는 탁월한 문장가였다. 그러므로 우리는 그가 남긴 몇 편의 시문을 통해 유교와 불교의 경계를 오간 한 지식인의 내면을 잠시나마 들여다볼 수 있겠다.

이름난 유학자요, 문장가로서 불교와 도교의 세계를 자유롭게 출입한 이라면 단연코 매월당梅月堂 김시습金時習(1435~1493)을 첫손가락에 꼽아야 한다. 아무런 걸림도 없이 평생을 자유롭게 살았던 그의 삶, 누구라도 그를 부럽게 느낀 적이 있을 것 같다. 매월당이 남긴 주옥같은 시문을 뒤적여, 나는 장시 한 편을 찾았다. 그의 정신적 자유를 추체험追體驗하고 싶어서였다.

이렇게 몇 줄을 적어놓고 보니, 흰 구름이 드리운 청산에 홀로 들어선 느낌이 든다.

선승의 부도 앞에 선 이민구

성리학이 조선이란 나라의 이념이었으나 많은 선비가 거기서 벗어나기를 꿈꾸었다. 예교禮教가 아름답더라도 그 질서가 사람을 얽매면 괴로움을 느끼게 되는 것은 당연하다. 물론 그 시대에도 탈속의 경지를 구가하는 이들이 있었다. 선승禪僧들이었다.

선승을 부러워했던 것일까. 동주 이민구는 금강산을 찾아가 명찰인 유점사에서 휴정과 자휴, 보운의 사리를 보관하는 부도 앞에 섰다. 그는 나지막하게 읊조리며 부러움을 표현하였다(이민구,《동주집》, 제6권,〈휴정, 자휴, 보운 선사의 부도[休靜自休寶雲三禪浮屠]〉).

　　　　　　　　　　　　　　　　文章의 시대, 시대의 文章

부도의 주인공은 휴정 스님과 그의 큰 제자인 자휴와 보운 스님
이다. 휴정이라면 16세기의 고승으로 임진왜란 때 승병을 모아 구
국 일선에 나선 서산대사이다. 난리가 일어났을 당시 그는 일흔
살이 넘었는데도 승군을 이끌고 전쟁터로 달려갔다. 그는 제자 사
명당 유정 스님과 함께 전선에서 활약하여 '팔도선교도총섭'이라
는 높은 직책에 임명되었다. 얼마 후 서산대사는 사명당에게 뒷일
을 맡기고 묘향산으로 들어갔다. 나라가 평안하기를 빌며 마지막
까지 수도에 정진하였다 한다.

　글쓴이 동주 이민구는 지봉 이수광의 아들이다. 문과에 급제하여
관찰사까지 지냈는데, 성호 이익은 이수광과 이민구 부자를 조선
최고의 문장가로 손꼽을 정도였다. 저술을 좋아하여 평생 4,000권
을 지었지만 불에 타버려 일부만 남아 있다. 학식도 뛰어났던 그
는 영의정을 지낸 형 이성구와 함께 아버지의 문집《지봉집》도 편
찬하였다. 그가 아낀 제자로는 백호 윤휴가 있다. 윤휴는 남인을
대표하는 학자로서 노론의 영수 송시열과 끝끝내 대립하였다.

　그들이 살았던 17세기에는 당쟁의 회오리가 무척 심했다. 거기
에 정묘와 병자호란까지 겹쳐 이민구의 삶은 평온을 잃고 심하게
흔들릴 때가 있었다. 속세에 속하면서도 모든 것을 버리고 쉽게 떠
나지 못하는 사람들에게는 너무도 괴로운 시간의 연속이었으리라.

　그래서였는지 이민구는 잠시 금강산에서 노닐며 스님들과 친하
게 지냈다. 성호 이익은 이민구가 89세나 된 노승에게 써주었다는
시를《성호사설》(제28권)에 실었다. 물론 이민구의 문집인《동주집》

에도 나온다. 그 시의 제1연을 소개한다.

쓸쓸한 절간에서 의영義瑩 스님을 다시 만났습니다.

여전히 물도 같고 달빛도 같이 옛날 정신 그대로시군요.

내년에 제가 다시 유마실(절간)을 찾아오렵니다.

정녕 선문(절간)에서 구십춘이 되시겠지요.

蕭寺重逢瑩上人 依然水月舊精神

明年再叩維摩室 政是禪門九十春

'구십춘'이란 보통 봄철 90일을 가리키는 말이다. 그러나 여기서는 의영 스님의 나이가 곧 90세가 된다는 뜻이다. 세속의 하루가 스님에게는 한 해와 다름없다니, 이 역시 시공이 상대적이라는 선가禪家의 사유 방식에 맞닿은 셈이다.

이민구는 왜 유점사의 부도 앞에서 인생무상을 노래하고 스님과 가까이 지낸 것일까. 노골적으로 자신의 속내를 드러내지는 못했으나 덧없는 세상사에 그 역시 염증을 느낄 때가 많았다는 뜻으로 추측하면 될 일이다. 그 한 사람에게만 국한되는 사연도 아니다. 조선의 많은 선비가 스님들과 우의를 닦으며 살았다. 퇴계 이황과 하서 김인후, 다산 정약용과 추사 김정희까지 다들 그러했다.

세상이 꼭 잘못돼서 그런 것은 아니지만, 누구라도 살다 보면 힘든 순간이 있기 마련이다. 그럴 때면 이민구처럼 한적한 산사라

도 찾아갈 일이다. 불자가 아니라 해도 세상 밖에서 위안을 얻을
수 있으리라.

매월당 김시습이 〈관솔불〉로 마음을 비추다

유가에도 불가에도, 아니 다른 어디에도 구속되지 않는 참 자유
인도 있었다. 매월당 김시습이 그러했다.《속동문선》(제4권)에서 그
의 시 〈관솔불[松明]〉을 만났다. 송진이 엉긴 관솔에 불을 붙이면
송명이라 한다. 과연 무엇을 밝히려 함이었던가.

> 섣달에 타고 남은 재를 마지막 달 피리에 넣어 처음으로 불었네.
> 낮도 추운데 그나마 몹시 짧고 밤은 너무 길다오.
> 산에 사는 사람이라 촛불은 켤 수도 없지.
> 오뚝하니 앉기도 하고 눕기도 하니 미친 사람 따로 없네.
> 한가하게 부싯돌을 쳐보니 십 리 밖까지 들릴 만큼 큰 소리였다네.
> 도경(도가의 경전) 읽는 나의 설창(가난한 집)에 도움이 될걸세.
> 지로(봉당의 화로)에서 한 점의 별(불)을 꺼내었지.
> 열 가지에 붙이자 반딧불이 대신이네.
> 臘灰初吹季月管 寒日苦短宵正長
> 山居不能煎膏燭 兀兀坐臥如風狂
> 閑敲石角十里聲 助我雪窓看道經

地爐旋撥一點星 燎以十枚當囊螢

김시습은 스님도 아니고 속세 사람도 아니었다. 산속 깊이 숨어 사는 가난한 지식인의 초가집이 눈에 보이는 듯하다. 그는 추위에 떨며 관솔불을 켠다.

비추어 보건대 촛불보다 결코 못하지 않다오.

천 줄 만 점이 또렷히도 읽히네.

눈앞의 해와 달(세월)이 새처럼 날아가네.

인생은 백 년이라지만 한낱 장정(휴게소)이라오.

타오르는 불길처럼 날을 보내다 늙으면 어찌할까.

만 권 서적을 펼쳐놓고 정수를 알아보세.

고금을 살펴가며 게으름을 쫓아내오.

처음에는 감자 먹기지만 병에 든 물 쏟기처럼 쉬워지네.

안자(안회, 공자의 수제자)는 누구인가, 바란다면 내가 이 사람이오.

그가 장부라면 나 또한 장부라네.

비록 명성과 명예는 대단하지 않을망정

변화를 곰곰 음미하며 신귀를 살피리라.

照之不滅蘭膏明 千行萬點瞭熒熒

眼前烏兔鳥飛過 人生百歲如長亭

騰騰度日奈老何 且須萬卷研其精

考古閱今不自怠 初如噉蔗冬建瓶

顏何人哉睎則是 彼旣丈夫我亦爾

縱不馳名聲譽間 變化咀嚼窺神鬼

겨울밤이 깊어가는 줄도 모르고 김시습은 독서 삼매경에 빠진
다. 그와 같은 수재라도 모든 책이 처음부터 술술 읽히지는 않는다.
그러나 수련이 거듭되면 몰랐던 글의 뜻이 절로 환하게 밝아온다.

우리 도(유교)가 이제 무너졌다고 주장 마오.

끝내 천명이 우리를 속이지 않을걸세.

찍찍 박쥐 소리에 산중의 밤 깊어가네.

쏴쏴 솔바람은 발이며 휘장을 흔드오.

관솔불로 비춰가며 꼼꼼히 읽어보세.

거원(거백옥, 공자 시대의 현인)은 예순에 지난 잘못 깨쳤다네.

장부가 하는 일 번거로울 수가 있나.

큰 강에 띄운 뗏목은 제 갈 길 아는 법.

勿言吾道方未夷 終然天命不我欺

猩鼯哦哦山夜深 閃閃松風吹簾幃

且取松明仔細看 蘧瑗六十知前非

丈夫行事不可煩 大江浮木能自知

도교와 불교의 경전을 읽고 어려서 배운 유교의 경전까지 차근
차근 훑어내리며 만고의 지혜를 체득하려 했으나 그의 마음속에서

는 도교도 유교도 불교도 이미 차이를 잃은 지 오래였다. 그는 일찍이 맹자가 말한 대로 호연지기浩然之氣를 마음속에 품고 스스로를 존중하여 성현이 되기를 약속하였다. 호연한 기운이란 무엇인가. 드넓은 강물이 도도히 흘러내릴 때 그 무엇으로도 막을 수 없듯, 우리의 마음이 자연스럽고 웅장하게 옳은 방향으로 끊임없이 나아가는 것을 말한다. 그런 마음가짐으로 사는 이를 대장부라고 부른다. 그렇다면 매월당 김시습이야말로 대장부가 아니었던가.

매월당은 실로 대단한 선비였다. 숱한 전설을 남긴 이인異人이기도 하였다. 17세기 남인의 영수요, 당대 제일의 문장가이던 미수眉叟 허목許穆(1595~1682)이 지은 《청사열전淸士列傳》에도 그의 전기가 실려 있다. 허목은 당쟁의 회오리가 휘몰아치던 험한 세상을 살았는데, 그래서 더더욱 속세를 벗어난 인물을 동경하였나 보다. 허목의 눈을 빌려 잠시 그의 전기를 읽어보는 것도 좋겠다(허목, 《기언》, 제11권).

첫 부분에는 우리가 믿기 어려운 이야기가 나온다. 김시습이 태어난 지 8개월 만에 글을 읽기 시작했다는 것이다. 다섯 살이 되자 《대학》과 《중용》도 모두 깨쳤다고 한다. 그는 대단한 수재였다. 집현전 학사 최치운이 아이 이름을 시습이라 지어주었고, 소문을 들은 세종이 승지를 시켜 대신 불러보게 하였단다. 김시습은 차츰 장성하여 학문에 널리 통달하였다.

그런데 단종이 왕위에서 물러나게 되자 그는 보던 책을 불사르고 속세와 인연을 끊었다고 한다. 김시습은 속세를 벗어나 미친 사람처럼 굴었다. 왜 그랬을까. 세상이 어지러울 때는 미련 없이 세속을 벗어나 명산대천을 유람하는 것이 옳다고 보았기 때문이다. 그는 전국을 두루 방랑한 끝에 성종이 즉위하자 잠시 속세로 돌아왔다. 혹자는 그에게 벼슬을 권유하였지만 따르지 않았다. 얼마 후 김시습은 다시 사방을 유람하고 세상을 조롱하며 유유자적하였다.

그의 자화상이 남아 있다. 거기에 기록된 찬(인물평)을 보면, "네 모습 볼품이 없고, 네 마음도 너무 미련하다. 마땅히 너를 구렁텅이 안에 가두련다"라고 하였다.

김시습은 충청도 홍산의 무량사無量寺에서 눈을 감았다. 향년 59세였다. 화장하지 말라고 유언하였으므로 임시로 매장하였다. 3년 뒤에 장사를 지내려고 유해를 꺼냈는데, 얼굴이 살아 있는 사람 같아서 스님들이 부처로 여겼다고 한다. 마침내 그들은 그곳에 김시습의 부도를 만들었다.

매월당은 저서를 많이 남겼다. 음애陰崖 이자李耔(1480~1533)가 그 글을 읽어보고 이렇게 평하였다.

몸은 비록 불가에 두었으나 유교의 가르침을 실천한 분이다.

이 책을 읽는 여러분은 혹시 홍산의 무량사에 가본 일이 있을지 모르겠다. 산과 들에 색색의 꽃이 화려하게 핀 어느 봄날 나는 무량사에 갔다. 매월당 김시습의 초상화를 한참 동안 물끄러미 바라보며 인생이란 과연 무엇일까 한참을 생각하였다. 이렇다 할 답을

김시습 초상. 김시습은 우리나라 최초의 한문 소설집인 《금오신화》를 비롯해
《매월당집》 등 많은 저작을 남겼다. (무량사 소장)

찾지 못하고 절간을 벗어났다. 숲길을 따라 몇 걸음 떼자 매월당의 부도가 눈앞에 나타났다. 두 손 모아 합장하고 한참 동안 그를 다정히 껴안았다. 만약 단종이 비명에 죽지 않았더라면 그의 인생 행로는 달랐을까. 정녕 알 수 없는 일이다.

어차피 떠날 사람이라면 비가 오든 해가 뜨든 길을 떠나지 않을까 한다. 일찍이 매월당은 말하기를, "큰 강에 띄운 뗏목은 제 갈 길 아는 법"이라고 하지 않았던가.

우정을
꿈꾸며

조선의 문장가들에게도 우정은 소중하였다. 벗끼리는 서로 신의를 지켜야 한다[朋友有信]는 말도 있지만, 그 시절에는 아무나 쉽게 친구가 될 수 없었다. 명분名分(각자의 처지에 맞는 도리)에 구애가 있었다. 신분과 나이와 성별의 제한이 심한 편이었다. 그러나 이런 한계를 뛰어넘으려는 문장가도 있었다.

16~17세기 명문장가 동악東岳 이안눌李安訥(1571~1637)은 나이와 당파를 초월해 우정을 가꾸었다. 또 임진왜란 때 나라를 위기에서 구한 명장 이순신李舜臣(1545~1598)은 당대의 명신이요, 문장가인 서애西厓 유성룡柳成龍(1542~1607)과 깊은 우의를 다졌다. 상대방에 대한 그들의 깊은 신뢰와 존중이 세상을 구하였다고 말해도 좋겠다. 18세기에는 청장관青莊館 이덕무李德懋(1741~1793) 등이 태

평성세를 누리며 우정의 향연을 벌였다. 그때는 담헌湛軒 홍대용洪
大容(1731~1783) 같은 선구적 지식인도 있어 우정의 외연이 나라 밖
으로 넓어졌다.

우정이란 두 글자가 갖는 의미는 늘 같더라도 각자의 처지에 따
라 다른 색깔로 빛났다. 오늘날 나와 당신을 잇는 우정은 어떠한
지 모르겠다.

동악 이안눌, 선을 넘어 벗을 찾다

한 시대를 함께 호흡한 명문장가들은 서로 어떻게 지냈을까. 당
쟁으로 선비 사회가 사분오열되기 전에는 친하게 지내는 사람들
이 많았다. 속마음까지 주고받았는지는 몰라도 서로 이따금 만나
호감을 표하는 것이 그 시절의 풍경이었다. 그러나 당파 싸움이
한번 시작되자 살풍경이 되었다. 서로 당파가 다르면 절연하는 것
이 당연한 일처럼 되어갔다.

그러나 당파 싸움이 치열했을 때도 정치적 이해를 떠나 깊은 정
을 나눈 문장가들이 없지 않았다. 17세기 전반의 문장가 동악 이
안눌이 그러했다. 특히 동악은 반대 당파인 서인의 중심인물 월
정月汀 윤근수尹根壽(1537~1616)와 무척 다정한 사이였다.

언젠가 연로한 조정 대신 윤근수가 이안눌에게 새 달력을 보냈다.
일부러 호의를 표현한 것이었다. 이안눌은 감사의 뜻을 담아 시 두

수를 지었다. 칠언율시인데, 언사가 매우 공손하였다(윤근수, 《월정집》, 제3권, 〈새 달력을 주옵신 월정 상공께 삼가 사례드립니다[奉謝月汀相公寄惠新曆]〉).

삼한의 태산북두로 우러르는 어르신
한 시대의 인물을 품평하시네. *
노둔한 이 몸 용문(명망)이 멀어 홀로 한탄했건마는
달력 구실 삼아 다시 편지 보내주시네요.
山斗三韓仰鉅公 一時桃李品題中
駑才獨恨龍門隔 魚信還憑鳳曆通

그러신 건 무릉도원에 달력 없을까 봐서일까요.
일부러 추운 곳에 봄바람 알려주셨습니다.
밝고 푸른 구슬과 옥으로도 끝내 보답하기 어려울 듯합니다.
마침 남극성 별빛이 자미원을 감싸고 있습니다.
應念武陵無甲子 故敎燕谷識春風
明珠靑玉終難報 南極星光繞紫宮

이안눌이 마지막 줄에서 남극성(노인성)을 언급한 까닭은 무엇일

---

* 윤근수가 이조판서임을 표현한 말이다.

까. 그렇게 불러도 좋을 만큼 연로한 대신 윤근수가 조정을 잘 이끈다는 호평일 것이다. 하필 윤근수가 그에게 달력을 보낸 것 역시 이안눌이 달력도 없이 어렵게 살아서는 아니었을 것이다. 해가 바뀌자 늙은 대신 윤근수가 젊은 문사 이안눌에게 자신의 다정한 마음을 은근히 표현했다고 해석해야 옳다. 그렇기에 이안눌은 예의를 갖춰 어른에게 답시를 보낸 것이리라.

시가 도착하자 윤근수는 마치 기다리기라도 하였다는 듯, 이안눌이 사용한 운을 사용하여 4수나 되는 장시를 보냈다(〈이 군 안눌의 운을 빌려서 시를 짓다[次李君安訥韻]〉).

물었지요, 성 서쪽 소식을 원공(중국의 옛 스님)에게 말이오.

그대 서신 홀연 내 쓸쓸한 집에 도착했다오.

겨우 친상 치른 이내 마음 여전히 괴롭건만

봉투를 뜯기도 전 마음은 이미 통하였다오.

問訊城西托遠公 音書忽到寂寥中

纔經攀柏心猶苦 未待開緘意已通

아름다운 그대 문장, 음조도 놀랍다오.

옥산(명산)에서 언제쯤 봄바람을 쐴까요.

그대와 더불어 도학이며 문장을 이야기할 곳 말이오.

강가의 누대가 아니라면 절간도 좋다오.

麗藻如今驚逸響 玉山何日對春風

憑君報道論文地 不是江樓卽梵宮

이조판서 윤근수는 새봄 한강 언덕의 어느 정자든 근교의 조용한 절간에서 이안눌을 만나고 싶다는 뜻을 전했다. 요컨대 이 시는 한 장의 아름다운 초대장이었다. 대신의 시 편지는 아래와 같이 이어진다.

(태평)성세 먼 길에서 공을 만나 기뻤지요.
한 번 만나자 그대가 기개 있는 선비임을 이야기 나누며 알아차렸소.
그대 시는 봉황을 따라 삼매경을 전하고
글씨는 왕희지[來禽] 서첩을 익혀 통달하신 듯.
盛歲長途喜見公　相逢氣槪笑談中
詞追靈鳥傳三昧　帖學來禽寫幾通

늘 기억한다오, 패옥 흔들며 대궐 향해 함께 걷던 일.
매화꽃 봄바람에 하늘거리는 모습 점점 보일 텐데요.
푸른 이끼는 아직 지나간 길 기억할 줄 압니다.
나는 마음먹었소, 산 앞의 작은 집으로 찾으리라.
每憶珮聲趨北闕　漸看梅萼映東風
蒼苔尙記經行路　擬訪山前數畝宮

이 시를 읽고서 나는 확실히 알게 되었다. 윤근수와 이안눌은 보통 사이가 아니었다. 그들에게는 오래전 추억도 있었다. 앞의 시에서는 장차 어디서 만날지 물었으나 이제 분명해졌다. 매화꽃 피는 봄이 오면 윤근수는 그들이 언젠가 만난 적이 있는 그 작은 집으로 찾아갈 것이다. 산 앞의 집이라니, 남산인가, 낙산인가 혹은 인왕산인가. 여하튼 그들이 봄빛 쏟아지는 어느 봄날 재회의 기쁨을 누렸으리라 짐작한다.

두 사람의 시 편지를 읽노라면 내 얼굴이 붉어질 지경이다. 연인들이 주고받은 비밀스러운 연서戀書처럼 늙은 대신과 장년의 문사가 나이를 잊은 채 친구가 되어 은밀히 마음을 주고받았다. 아, 우리도 이렇게 살 수 있는 것이구나.

말이 나왔으니 이안눌의 우정 이야기를 조금 더 해보자. 그는 서인으로 당대의 문장가 석주 권필과도 우의가 도타웠다. 그때 세상에서는 이안눌과 권필, 그리고 그들의 선배 윤근수와 이호민의 교우 관계를 부러워하였다. 그들의 모임을 '동악시단東岳詩壇'이라 부르기도 하였다. 나는 권필의 《석주집》(별집 제1권)을 살피다가 오언고시 3수에 주목했다. 〈자민子敏(이안눌)이 길을 가며 보내온 시에 차운하다〉였다. 이안눌이 여행 중 보내온 시 편지에 대한 답장이라는 뜻이다.

바닷바람 돛을 흔드네.
파도는 희고 너르다오.
어찌하여 이 잠행인가.

문장의 시대, 시대의 문장

서글퍼 바라보니 그대 머리도 하얗소.

먼 길 가는 수고 어찌 꺼리지 않으리오.

海風吹征帆 波浪白浩浩 奈何此間行

悵望頭亦皓 豈不憚跋涉

길 떠난 그대, 늙으신 어버이 걱정도 많을 터인데

문득 길 가다 시를 보내셨네.

고맙소 그대 마음, 퍽도 아름답지요.

사나운 바람이 세상 휩쓰오.

서리와 눈, 백 가지 풀 뒤덮었다오.

游子念親老 忽枉路中作 感君情意好

凶飆獵宇宙 霜雪埋百草

시운은 본디 이런 걸까요.

내버려두오, 무슨 말 하리오.

지금 한 가지 걱정은 국경 가는 길 막혀

그대 귀갓길 더딜까 하는 거라오.

時運故如此 棄置何足道

但恐關路塞 還家苦不早

이 시는 아마 임진왜란 중에 쓴 것이리라. 이안눌의 머리카락이
세기에는 조금 이른 시점이지만, 길이 막힐 것을 염려하는 것으로

보아 난리 중이었다고 짐작된다. 먼 길 떠난 친구의 귀로를 걱정하는 권필의 마음이 역력하다. 또 혼란 와중에도 친구를 잊지 못하는 이안눌의 따스한 마음이 여실하다. 그들은 이렇게 서로서로 두 손을 맞잡고 어두운 시대의 터널을 함께 빠져나온 것이다. 난세를 이기는 한 가지 특별한 방법이 우정에 있었다. 문득 먼 고향에 두고 온 옛 친구가 생각난다.

서애 유성룡과 이순신의 잊지 못할 우정

그들은 서로 깊이 의지하였다. 대강은 누구나 알고 있는 이야기이다. 난세를 헤쳐나간 이순신과 유성룡의 우정을 조금 더 깊이 들여다보고 싶은 생각이 든다. 영의정까지 지낸 유성룡은 퇴계 이황의 고제高弟로 문명이 높았다. 이순신도 글솜씨가 탁월해 평범한 문사와는 비길 수 없었다. 그들의 저술에서 나는 두 사람의 우정을 기록한 글을 발견하였다.

너무 비장한 것은 아닐까 염려되지만 이순신의 순국이란 돌발 사태부터 이야기를 시작해보자. 철석같이 믿고 아끼던 벗을 잃은 유성룡의 마음은 어떠했을까. 그의 문집인 《서애선생문집》(제2권)에 〈통제사 이순신을 애도함〉이란 시가 있다. 마지막 두어 줄은 글자가 손상되어 제대로 읽을 수 없으나, 친구를 잃은 정승의 마음을 헤아리는 데는 지장이 없다.

한산도와 고금도라

넓은 바다에 두어 점 푸른 섬이로다.

때가 되자 (거기서) 백번 싸운 이 장군 계셨다오.

한 손으로 친히 하늘 한쪽을 부여잡으셨네. *

고래를 모두 죽이자 피가 파도를 물들였네.

맹렬한 불길로 풍이(물의 신)의 소굴까지 불살랐다오.

공이 높아지자 질투와 모함 벗어나지 못하셨네.

목숨이란 기러기 털 같은 것, 어찌 아끼셨으리오.

閑山島古今島 大海之中數點碧

當時百戰李將軍 隻手親扶天半壁

鯨鯢戮盡血殷波 烈火燒竭馮夷窟

功高不免讒妒構 性命鴻毛安足惜

　유성룡은 웅장한 문체로 친구 이순신이 나라를 구한 공적을 묘
사했다. 이어지는 구절은 더욱 상세하다. 고래를 죽였다는 표현이
며, 풍이의 소굴까지 불살랐다는 구절도 장중하고 통쾌하다. 이순
신이 왜적을 소탕한 것을 은유적으로 기술했다. 그 아래 두 구절
에서는 이순신이 겪은 억울한 고난을 말하면서 대장부다운 그의

---

* 나라를 지켜냈다는 뜻이다.

태도를 높이 평가하였다.

그대는 보지 못하셨던가.

현산 동쪽에 한 조각 비석 있다오. *

양공(중국 진晉나라의 양호)이 돌아가시자 사람들이 눈물 뿌렸다네.

쓸쓸하여라, 두어 칸 민충사여. (이하 두 줄 해독 불가)

때로 바닷가 백성이 소리 없이 흐느낀다오.

君不見 峴山東頭一片石

羊公去後人垂泣 凄凉數間愍忠祠

時有蜑戶吞聲哭

여기서 유성룡은 다시 중국 고사를 빌려 영웅 이순신을 흠모하는 사람들의 모습을 기록했다. 타루비이다. 누구든 장군의 사적을 한번 읽고 나면 눈물을 훔치지 않을 수 없다는 친구 유성룡의 말이자 벗을 잃은 회한이 깃든 표현이다.

유성룡은 애도시에서 자신의 가슴속에 각인된 친구의 이미지를 역사화하는 데 성공하였다. 이순신은 나라와 백성을 위기에서 구한 일대 영웅이요, 후세가 잊지 못할 역사적 인물이라는 사실을

---

* 이순신을 기리기 위해 세운 비석인 타루비墮淚碑를 말한다. 타루는 보는 이마다 눈물을 흘린다는 뜻이다.

타루비는 이순신이 전사한 지 5년 후인 선조 36년
(1603) 전남 여수에 세워졌다. (문화재청)

이보다 선명하게 주장할 수 있을까. 공자는 벗을 일컬어 지기知己, 곧 나를 아는 이라고 하였다. 유성룡의 애도시를 읽으면서 나는 그 말이 거짓이 아님을 깨달았다. 그는 자신이 아끼던 벗 이순신 을 깊이 이해하고 있었다.

살아생전에 이순신은 많은 고초를 무릅쓰고 바다를 누비며 왜 적을 물리쳤다. 그러다가 반대파의 모략으로 옥에 갇혀 하마터면 목숨까지 잃을 뻔하였다. 가까스로 옥에서 나왔으나 모친은 아들 의 체포 소식에 깊은 충격을 받은 나머지 쓰러지고 말았다. 이순신이 혼신을 다해 조직한 조선 수군도 지휘관을 잃자 적의 잔꾀에 걸려 몰살당했다. 칠천량 앞바다에서 원균은 전투다운 전투도 벌이지 못하고 단 한 번의 싸움에서 모든 것을 잃었다.

가까스로 전열을 수습한 이순신은 극소수의 전함으로 열 배도 넘는 대적을 명량 앞바다에서 크게 무찔렀다. 아무도 예측하지 못한 대승이었다. 이후 명나라 수군이 조선을 돕게 되었는데, 그때 유성룡은 이순신에게 한 장의 편지를 보냈다.《서애선생문집》(별집 제3권)에 〈여해汝諧 이순신에게 드림〉이라고 되어 있다. 아마 선조30년(1597) 한여름에 보냈을 것이다.

무더운 바다에서 효리孝履(상중인 사람, 즉 이순신)께서 평안하신지 우러러 말씀 올립니다. 제독(명나라 장군 진린)도 그곳에 힘을 합쳐 진을 치려고 합니다. 호응하는 계책을 세우는 일이며 군량을 징발하고 수송하는 모든 일에 관해서는 오직 영감의 선처 있을 줄 믿습니다. 반드시 (제독과) 마음을 합쳐 협력하시고, 그리하여 큰 공훈을 이루기를 바라고 있습니다.
(훈련)도감의 포수 백 명이 내려가기에 그 편에 안부 여쭙니다. 바라옵건대 오직 이 나라를 위하여 몸을 보살피소서.

마침 남쪽에서 올라왔다가 근무를 마치고 고향으로 돌아가는 훈련도감의 포수들이 있었다. 그 편에 영의정 유성룡은 편지를 부친 것이었다. 그때 명나라 수군 제독이 군사를 거느리고 와서 이

순신과 함께 왜적과 대적하기로 되어 있었다. 유성룡은 그와 관련
된 사무를 이순신에게 일임하였다. 그리고 간절한 마음으로 빌고
또 빌었다. 부디 건강을 잘 유지하여 한중 연합군이 일본 수군을
제압하기를 말이다. 짧은 글이지만 이순신에 대한 신뢰가 얼마나
깊고, 염려하는 마음이 얼마나 절실하였는지 느낄 수 있다.

임진왜란에서 이순신이 주역으로 부상한 것은 유성룡의 거듭된
추천과 후원 덕분이었다. 실록에서도 확인할 수 있다. 선조 22년
(1589) 12월 1일 이순신은 정읍 현감이 되었다. 그 배경을 그날의
《선조수정실록》은 이렇게 기록하였다. "유성룡이 이순신과 이웃
에 살았다. 그리하여 점잖고 바른 그의 품행을 보고 알았다. 그 때
문에 빈우賓友(손님과 친구)로 대우하였으므로 (이순신의) 이름이 (널리)
알려졌다."

유성룡은 어디선가 이순신의 풍모를 이렇게 적기도 하였다. "순
신의 사람됨은 말수가 적고 웃음도 적었다. 그 얼굴이 단아하고
근엄하여서 마치 수양하고 있는 선비와 같았다. 그러나 가슴속에
는 대담한 기운이 있었다."

과연 이순신에게는 큰 지략이 있었다. 선조 27년(1594) 2월 13일
에 이순신이 유성룡에게 보낸 편지에는 "작은 이익을 보고 함부로
(적을) 공격하나가는 크게 이루지 못할 우려가 있습니다. 가만히 놔
두었다가 기회를 보아 (한 번에) 무찔러야 합니다"라고 하였다.

품계나 관직을 놓고 보면 유성룡은 이순신보다 한참 높은 고관
이요, 나이로 보아도 세 살 위였다. 그러나 그들은 이미 어린 시절

부터 알고 지낸 진정한 벗이었다. 《난중일기》에는 유성룡을 깊이 신뢰하고 그리워한 이순신의 마음을 고스란히 표현한 글귀가 여럿이다. 두어 개만 살펴보아도 그들의 두터운 우정을 넉넉히 짐작할 수 있다.

선조 26년(1593) 6월 12일 자 일기에 이런 대목이 있다. "정승 유성룡의 편지와 지사(동지중추부사) 윤우신의 편지도 왔다." 섬 바깥에서 사람이 올 때마다 이순신은 조정의 형편을 알리는 소식을 들었고 유성룡을 비롯한 친지들에게 편지도 받았다. 만약 누군가 섬 바깥으로 나갈 때면 이쪽 소식이 그리로 전달되었다. 그들은 전란 중에도 부단히 소식을 교환하며 어떻게 해서든 나라를 구할 궁리를 하였다.

이순신은 조정의 여러 지인에게도 자주 소식을 전하며 마음을 담은 선물도 보냈다. 그러나 유성룡에 대한 이순신의 우정은 유별났다. 그 이듬해 7월 12일 자 일기를 보면 자명해진다.

저녁에 탐후선(정탐선)이 들어왔다. … 영의정 유성룡이 돌아가셨다는 부고가 순변사가 있는 곳으로 왔다고 전했다. 이것은 유 정승을 미워하는 사람들이 소문을 만들어서 비방하는 것이 틀림없다. 이 통분함을 이길 수가 없구나. 이날 저녁때 마음이 몹시 산란하였다. 홀로 빈 집에 앉았더니 더더욱 마음을 가눌 수가 없었다. 염려가 깊어져 한밤중에도 잠이 오지 않았다. 유 정승이 만약 어떻게 되었다면 나랏일을 장차 어찌하랴! 어찌하랴!

문장의 시대, 시대의 문장

다음 날 일기에서도 유성룡이 중요하게 언급되어 있다. "(걱정이 많아) 유 정승의 점을 쳤다. 바다에서 배를 얻은 것과 같다는 괘가 나왔다. 다시 점을 쳤다. 그랬더니 의심하던 중 기쁨을 얻은 것과 같다는 괘가 나왔다. 무척 좋았다."

얼마 후 이순신은 탐후선을 통해 들은 유성룡의 사망 소식이 거짓이라는 사실을 확인하고 가슴을 쓸어내렸다. 서울에 유 정승이 있었기에 이순신은 시름을 잊고 왜적을 물리치는 데 힘을 쏟을 수 있었다. 그에게 유성룡이 중요한 정치적 후원자이기만 한 것은 아니었다. 자신의 충정을 아는 그가 있기에 이순신은 숱한 모략과 비방을 견딜 수 있었다. 사람은 누구나 자신에 대한 정당한 평가와 올바른 이해가 필요하다. 우정의 힘은 아주 강하다.

청장관 이덕무, 당대의 문장가들과 우정을 노래하다

승평일구昇平日久라는 말이 있다. 태평한 세월이 오래 이어진다는 뜻이다. 참 좋은 말이다. 그런 호시절에는 문장가들도 한자리에 모여 왁자지껄 웃고 떠들며 하루 종일 담소를 나누며 흥겨운 시간을 보낼 수 있다. 이덕무의《청장관전서》(제11권)에는 〈인일, 곧 음력 1월 7일에 강산 이서구, 영재 유득공, 초정 박제가에게 주다〉라는 장편 시가 나온다. '인일人日'이라서 친구들이 모여 회포를 풀기로 한 모양이었다.

시 첫머리에서는 조촐하지만 명랑하고 흥겨운 잔치 분위기를 그렸다. 정갈하게 청소도 마치고 시간이 남아 화첩도 잠깐 보고 《장자》도 몇 장 넘기며 친구들이 오기를 기다리는 모습으로 미루어, 집 안은 조용하지만 시인 이덕무의 가벼운 흥분을 알 만하다.

그러나 시인의 생활은 고단하기 그지없었다. 배고픔을 참고 누더기를 걸치고 겨우겨우 연명하는 신세였으니, 이덕무가 할 수 있는 것은 오직 하나, 독서뿐이었다. 배가 고파도 책을 읽고, 흥이 나도 책을 읽었다. 그것 외에는 따로 변변한 취미라고 부를 만한 것조차 없다는 신세타령이 한동안 이어진다.

돌이켜 보면 사람이 산다는 것은 무엇일까. 서로 영혼이 통해야 사는 맛이 난다고 이덕무는 말한 적이 있다. 부부도 그렇겠지만 소중한 친구는 더 말할 나위 없겠다. 그는 이제 자신의 가슴에 담긴 우정론을 꺼내기 시작한다. 그의 목소리에 귀를 기울여보자.

성품만 따질 뿐 행동은 말 마오.
우둔한 벼루도 날쌘 붓과 짝을 짓네.
거공(환난에 서로 의지하는 동물)은 비록 사람이 아니라지만
감초를 주면 나누어 먹네.
어찌하여 청춘 시절 친구라며
팔구십까지 우정을 지키지 못할까.
헤어지고 합치는 일, 한마디 말에 달려 있다오.
어려울손, 처음(약속)을 지켜서 끝까지 함께 가는 것.

문장의 시대, 시대의 문장

차라리 본 척 만 척 지낼망정

아서라, 겉으로만 친한 척하려는가.

원하노니 이 말씀 자신의 허리띠에 써두시게.

한마음으로 끝까지 지키소서.

論品不論跡 頑硯媲銳筆

駈蚤雖非人 甘草貽不失

奈何芳年交 鮮到八九袟

離合在片言 難保初與畢

寧爲眞相疏 莫作假相密

願言各書紳 同心貴貞一

　우정이란 처음의 그 한마음을 지키는 거로구나. 거짓도 없어야 하고, 서로에게 건네는 한마디 사소한 말도 조심조심해야 하는 거로구나. 예나 지금이나 다를 리 없는 친구의 도리이다.

　이윽고 친구들이 다 한자리에 모였다. 이서구라면 문장이 뛰어나고 관운도 좋은 명가의 후예이고, 유득공과 박제가는 집주인 이덕무와 비슷한 신세였다. 양반의 서자라고는 하지만 해동 제일의 학식이자 문장의 달인이요, 정조의 규장각에서 검서, 곧 사서의 자리를 얻은, 한 시내의 빛나는 제씨들이었다. 지금 그들이 함께 모여 정을 나누는 것이다.

　보지 못하면 꿈에서라도 만나고 싶소.

잠깐 헤어질 때면 (그대가) 다른 집에 사는 게 안타까울 뿐.

호탕한 영재(유득공)의 시

힘차고 굳센 초정(박제가)의 글씨

너르고 아취 있는 강산(이서구)의 학문이라.

누구는 잘하고 누구는 못하는가.

다를 수는 있어도 부족하지는 않다오.

맑은 말이 움직이면 책도 가득 채운다오.

모으고 간직하여 큰 보배를 만들구려.

늙은이는 할 일 다했다오.

생각나거든 펼쳐놓고 (이 글을) 읽으시게.

글자는 봄 누에같이 빽빽하오.

이야말로 진정 천하의 선비라네.

어찌 한 사람인들 빼놓을 수 있으랴.

不見勞夢想 間闊嗟異室

跌宕泠齋詩 遒勁楚亭筆

淹雅薑山學 孰得孰爲失

種種殊不乏 淸言動盈袠

收藏作鴻寶 老夫能事畢

想來出展讀 字字春蠶密

此眞天下士 那可闕其一

앉은 자리를 돌아보니 이덕무의 눈에 들어오는 오늘의 손님은 당대의 뛰어난 인재들이라. 저마다 장기는 달라도 더 잘하고 더 못하는 사람은 없다.

그날의 모임은 밤이 이슥하도록 꽃 그림도 그리고 글도 짓고 술도 마시는 자리였다. 시간이 제법 흘렀으나 흥은 줄어들지 않았고, 헤어짐에 미련은 더욱 커진다. 부디 금년에는 모든 일이 잘 풀리기를 기원하며 그들은 아쉬운 정을 감추지 못한다. 아무리 모든 일이 잘된다 한들, 어찌 그날의 아름다운 모임만 할까. 시인 이덕무는 평소 그가 가장 아끼는 소중한 벗들과 보낸 달콤한 하루가 다시는 오지 못할 것 같다는 공연한 상념에 잠시 젖어 있었다.

과연 역사는 그들의 우정이 끝내 변하지 않았음을 기록하였다. 평생토록 변하지 않는 정, 잔잔하되 깊은 마음이라야 우정이라고 할 수 있겠다. 지금 우리에게 그런 정이 있을까.

담헌 홍대용, 우정으로 국경선을 지우다

우정은 국경도 넘는다. 18세기의 대학자요, 문장가인 담헌 홍대용 이야기이다. 그는 젊은 시절, 중국에 사신으로 가는 숙부를 따라 북경에 다녀왔다. 홍대용이 그곳에 머문 기간은 짧았으나 만리타국에서 그는 평생의 벗을 사귀었다. 귀국한 뒤로도 그들의 우정은 국경을 넘나들었다. 서신을 주고받으며 평생 교류가 이어졌다. 일세를 풍미한 문장가로 홍대용과도 가까웠던 이덕무는《청비록淸脾錄》을 편찬해, 홍대용이 깊이 사귄 청나라 문인의 작품을 포함해서 중국과 일본의 시문까지 한 권의 책으로 묶었다. 18세기에는 동아시아 삼국의 문화적 교류가 상당한 수준에 이르렀다.

한번 홍대용이 교류의 길을 열자 그 물길은 도도한 흐름이 되어 갈수록 더욱 풍성해졌다. 독창적 서예가이자 대학자인 추사 김정희는 청나라의 금석학자 옹방강과 사제 관계를 맺었다. 조선의 근대화에 횃불을 들었다 해도 과언이 아닌 환재 박규수도 다수의 청나라 문인과 깊이 교류하였고, 추사의 제자로 역관이던 이상적 또한 북경에 많은 친구가 있었다. 19세기에는 여기서 일일이 다 거론할 수 없을 만큼 많은 문인이 한중 간에 우의를 다졌다.

그들의 교류는 대개 시문과 서화에 제한되었으나, 근대 서양의 '그랑 투어'를 방불케 하는 점도 있었다. 이웃 나라 지식인과 교류가 본격화되고 있었다는 말이다. 그러나 안타깝게도 일본 지식인과의 거리는 별로 좁혀지지 않았다.

그런 한계를 인정하더라도 담헌 홍대용이 국제 교류의 문을 열어젖히자 새 시대의 물결이 콸콸 쏟아지며 문명 교류의 바다를 향해 배가 출항한 셈이었다. 그런 역사적 의미를 생각하며, 이제 홍대용이 추루 반정균潘庭筠이라는 중국 친구에게 보낸 편지를 한 통 읽어보려 한다.《담헌서》(외집 제1권)에 실린 〈추루에게 준 편지 [與秋庫書]〉라는 글이다.

편지의 서두에서 홍대용은 갑자기 세상을 등진 친구, 복건성 출신의 문인 철교 엄성嚴誠의 죽음을 애통해한다. 구슬피 한바탕 눈물을 쏟은 다음, 작고한 벗과의 추억을 조용히 회고한다. 홍대용은 과거에 엄성과 의형제를 맺을 당시를 회상하였다. 그때 주고받은 몇 마디 말만 보아도 엄성은 성품이 단정하고 의지가 강건한 아름다운 선비였음을 알 수 있다. 그 때문에 홍대용은 그의 부음에 넋을 놓고 운 것이다. 그는 반정균에게 엄성이 자신에게 보낸 마지막 시 편지를 보여준다(부附 〈철교가 작고하기 하루 전에 부친 시〉).

연경서 꽃다운 편지 왔다오.
머나먼 해동서 왔다네.
사문(유교) 우리에게 있어
나라는 달라도 이 마음 같다오.
정은 형제나 다름없고
사귐도 진정 변하지 않네.
서로를 그리며 만나지 못하니
통곡하며 가을바람 바라보네.
만나보고파도 기약이 없어라.
마음[心]을 따진 서신이 반가워라.
만 리 밖에서 오느라
한 해도 넘게 설렸나네.
격려란 좋은 벗 있어야 되는 법.
노쇠한 탓인지 외로움만 더하네.
무명으로 어느덧 마흔 살이네.

촌음이라도 어찌 헛되이 보내리.

京國傳芳信 遙遙大海東

斯文吾輩在 異域此心同

情已如兄弟 交眞善終始

相思不相見 慟哭向秋風

見面悲無日 論心喜有書

來從萬里外 到及一年餘

激勵須良友 衰遲感獨居

無聞將四十 忍使寸陰虛

엄성은 명이 다한 줄도 모르고 영면하기 하루 전날 홍대용에게
보낼 시 편지를 썼다. 나이도 많지 않아 겨우 마흔을 바라보고 있
었다. 학문에 정진하겠노라는 다짐, 멀리 만리타국에 있는 친구이
자 형님인 담헌 홍대용을 그리면서 말이다. 뒤늦게 이 시 편지를
받아 읽으며 홍대용은 얼마나 애간장이 녹았을까. 오죽하였으면
이 시를 다시 북경의 벗 반정균에게 보여주기까지 하였을까.

다음으로 홍대용은 반정균을 향해 한마디 충고를 건넨다. 반정
균의 학자다운 그릇으로 보아, 이제라도 과거 공부를 그만두고 더
욱 깊고 넓은 학문의 세계로 침잠하는 편이 좋겠다는 것이다. 홍
대용 자신이 그렇게 살 듯, 만리타국의 친구도 벼슬에 대한 의지
를 꺾기 바란다는 말이다.

문장의 시대, 시대의 문장

(형의) 서신 중에 "선비[儒者]는 생업을 경영하는 것을 급선무로 삼아야 한다"고 하셨지요. 이런 말을 한 사람은 누구입니까? 발해 바깥에 사는 고루한 저는 "도를 배우려 할 뿐 먹는 것은 도모하지 않는다[謀道不謀食]"는 성인의 한마디 교훈을 이마 위에 붙이고 싶습니다.

"넉넉[富]하게 하여서 선善을 행하게 한다[旣富方穀]"는 말씀은 옛 왕들이 "우매한 백성을 대하는 방법"이었습니다. "한 그릇 밥과 한 바가지 물, 그리고 해진 옷[簞瓢弊袍]"을 추구하는 선비는 그러한 생각을 하지 말아야 합니다. 제 말씀을 어찌 보시는지요?

조선 선비 홍대용과 달리 청나라의 청년 학자 반정균은 실용적이었다. 그는 가난한 선비는 벼슬에 나아가 생계를 해결하는 것이 당연하다고 생각하였다. 예로부터 많은 중국인들이 그렇게 살아왔다. 그러나 홍대용의 생각은 달랐다. 어렵고 힘들어도 웬만하면 벼슬을 포기하고 책상 앞에 앉아 성현의 학문에 잠심하는 것이 도리라는 것이다. 실학자 홍대용도 반정균에 비하면 지나치게 이념적이었다고나 할까. 그러면서 홍대용은 한 가지 부탁을 꺼낸다.

오명제鳴明濟(명나라의 문인)의 문집은 몇 권이나 되며, 그 체제는 어떠한지 알지 못합니다. 그런데 오 공이 우리 조선의 문인들과 주고받은 시가 제법 많았습니다. 짐작하건대 그런 글을 엮은 적도 있었을 것 같습니다. 아직 한 번도 보지 못하여 답답하기 짝이 없습니다. 귀형이 전부터 늘 책을 한 권 편찬하려 하시는 것으로 압니다. 그 일은 순

식간에 서둘러 마무리할 생각을 하지 마셨으면 합니다. 고민 없이 만든 것은 오래 전해지지 못하는 법입니다. 12~13년간 정성을 바칠 생각부터 하시고 우선 범례부터 만들어 하나씩 차근차근 채집하시기 바랍니다. 그래야 후세에 전해주어도 상세하고 치밀하며 분석에 착오가 없어 신뢰를 주는 것이겠지요.

해동(조선)에 사는 고루한 제가 감히 형과 결의형제를 했으니, 우리나라의 이름 있는 글이 중국에 널리 소개될 수만 있다면 어찌 천만다행이 아니겠습니까? 지금은 형의 범례를 몰라서 어떻게 착수할지 모릅니다. 인편에 대강 알려주시기를 부탁드립니다.

거듭 말씀드리고자 합니다. 귀형께서 어떻게든 이 책을 완성하려고 하신다면, 고증을 해박하게 하시고 판단도 공정히 하시기 바랍니다. 책이 세상에 퍼져 영원토록 평가를 받게 되는 것은 형의 노력에 달린 일이 분명합니다. 그런데 여러 자료를 함께 모으고 각종 사실을 채집하는 작업은 용(홍대용)에게 맡기시는 것이 어떠신지요.

용은 덕을 높여 삿된 마음을 극복하기에 힘쓸 것입니다. (제가) 만일 밝고 공정하지 못하면 귀형께서 신임하지 못할 것입니다. 또 귀형께서도 선을 밝게 하시고 말을 이해하여 명망과 도덕을 널리 알리지 못하면 그 글은 세상 사람들에게 신뢰를 얻지 못할 것입니다. 사정이 그러하오니 귀형과 함께 조용히, 깊이 생각해서 우선 대가에 어울리는 본령을 세우고 싶습니다. 이것을 가장 급한 일로 여깁니다만, 형은 어떻게 생각하십니까?

홍대용과 반정균의 우정은 그저 안부를 묻는 데 그치지 않았다. 그들은 요샛말로 '공동 프로젝트'를 구상 중이었다. 조선의 이름난 문장가들이 중국 문인과 교류한 사적을 연구하고, 그들이 주고받은 시문을 엮어 후세에 길이 전할 생각이었다. 우리가 아는 대로 명나라 때 중국에서 조선으로 파견된 사신 중에는 문장가가 많았다. 이 서신에 등장하는 오명제도 그 가운데 하나였다. 사신으로 조선을 다녀간 예겸과 동월 등은 문인으로서 더욱 유명하였다.

서한의 말미에서 홍대용은 공동의 관심사를 다시 한번 거론한다. 고려 때까지는 문헌이 별로 남아 있지 않으나 조선 시대는 볼만한 것이 제법 있다고 하였다. 반정균이 조선의 문물에 관심을 가진다면 자신이 앞장서 참고 자료를 제공하겠다는 제안이다. 이후 반정균이 조선에 관하여 어떤 저술을 남겼는지는 알 수 없으나, 이렇듯 홍대용의 우정은 국경 너머로 조선의 문화를 널리 알리는 촉매가 되었다.

1910년 조선왕조는 망했지만 한중 양국의 문인들은 서로 친분을 오래도록 유지하였다. 구한말의 대표적인 문장가 창강 김택영은 중국 상해에 망명하여 한묵림서국翰墨林書局을 운영하였다. 그는 고려와 조선의 명문장가 9인의 글을 엮어《여한구가문초麗韓九家文抄》를 편찬하였다. 김부식과 이제현 등 고려의 문장가와 장유를 비롯해 이식, 김창협, 박지원, 홍석주, 김매순, 이건창 등 9인의 문장 중 우아하고 뜻이 고상한 95편의 글을 뽑아서 만든 거였다. 그때 중국의 선구적 지식인 량치차오[梁啓超]는 한국의 문장가들을 기리는 글을 지어 서문으로 헌정하였다(1914).

수년 뒤 이 책이 다시 간행될 때는 김택영의 글까지 더해져 《여한십가문초》로 확대되었는데, 역시 중국의 문인 양이楊貽와 손정계孫廷階 등이 서문과 발문을 써주었다(1921). 책의 편찬을 주관한 이는 김택영의 제자 왕성순이었다.

이에 앞서 김택영은 친구인 매천 황현이 망국의 슬픔을 안고 자결하자 상해에서 《매천집》을 발간하기도 하였다(1911). 고인을 깊이 아끼던 국내의 여러 친구가 모금을 벌여 문집의 간행을 도왔다고 한다.

우정은 서로의 문화에 대한 깊고 폭넓은 이해를 선사한다. 개인 간에 이루어지는 활발한 교류는 결국 국가 간에 평화의 싹을 키우고, 기술과 학문을 발전시키는 힘이 된다. 우정은 국가적 이익을 북돋우고, 문명의 원동력이 되기도 한다.

교산 허균, 옛 문인의 초상을 벗 삼다

우정으로 가득한 이 한 장을 마무리하며 색다른 이야기 하나를 해볼까 한다. 말하자면 식후의 입가심 같은 것이다. 천재 문인으로 너나없이 사랑하는 교산 허균의 우정담이다.

직접 그의 우정담으로 들어가기에 앞서 사소한 이야깃거리부터 털어놓고 가겠다. 알다시피 허균 일가는 문명이 매우 높았다. 허봉, 허성이란 두 형과 누이동생 난설헌까지 모두가 문장으로 한 세상을 풍미하였으니, 퍽 드문 일이다. 그 가운데서 단연 두각을 나타낸 이가 바로 허균이다. 그는 한번 눈길이 스친 글은 모두 잊지 않고 외울 정도로 대단한 수재였다(한치윤, 《해동역사》 참조).

그의 기억력이 얼마나 훌륭했던지 실학자 이익도 《성호사설》에 이런 기록을 남겼다. 어느 날 사람들이 붓을 한 줌 움켜쥐고 붓끝을 허균에게 보였다. 그런 다음 붓을 치우고 몇 개인지 물어보았다. 허균은 잠시 생각하더니 붓 모양을 일일이 기억해내고는 붓이 몇 개였는지 헤아리는 것이었다. 그의 날카로운 눈길은 흡사 사진기와도 같았나 보다.

천하의 수재라서 그랬을까. 허균은 살면서 늘 외로워했다. 그가 쓴 〈사우재기四友齋記〉란 글을 읽으며 나는 그런 생각을 했다(허균, 《성소부부고》, 제6권). 허균은 자신의 거처를 사우재라 했는데, 그 자신과 세 명의 벗이 함께하는 공간이란 뜻이다. 그런데 그 친구들은 세상을 떠난 지 오래된 중국의 이름난 명사들이었다. 중국 진晉나라 시절의 시인 도연명, 당나라 시인 이태백, 그리고 송나라의 문장가 소동파였다.

나는 성격이 소탈하고 호탕하여 세상과는 전혀 맞지 않는다. 세상 사람들이 무리를 지어 나를 꾸짖고 배척하니, 집에 찾아오는 벗이 없고 밖에 나가도 뜻에 맞는 곳이 전혀 없다.

허균이 선택한 세 벗은 모두 비범하였다. 그들은 한가하고 고요한 자연을 사랑하며 우주를 집 삼아 인간 세상을 우습게 여긴 탈

속한 현자들이었다. 또 하나같이 고금에 이름난 문장가들이었다.

허균은 당대의 화가 이정에게 부탁하여 세 벗의 초상을 그리게 하였다. 아울러 그림마다 추모의 글을 지어 명필 한석봉에게 글씨를 부탁하였다. 안타깝게도 이 그림은 어디론가 자취를 감춘 지 오래이다. 물론 허균의 생전에는 딸랐다. 그는 여행 중에도 그림을 휴대하여 머무는 곳 어디나 방 한쪽에 걸어두었다. 덕분에 그가 머무는 곳은 항상 네 사람의 선비가 웃고 담소하는 것 같은 분위기였다. 허균은 "어디에 있든 이 그림만 있으면 내 처지가 외롭다는 사실을 전혀 몰랐다"라고 하였다. 그로서는 세속의 친구를 사귈 필요조차 없었다는 것이다.

물론 허균에게는 심우心友가 여럿 있었다. 세 군자의 초상을 그려준 화가 이정이야말로 그가 아끼는 벗이 아니었던가. 화가가 세상을 떠났을 때 허균은 몹시 슬퍼하였다. 그는 애사哀辭를 지어 이정의 풍모를 이렇게 묘사했다. "그는 술을 즐겼고 마음이 활달하였다. 글씨도 잘 쓰고 시도 잘 알았다. 무슨 일을 하든지 속기俗氣가 없고 비범하였다." 그뿐만이 아니었다. "생활이 곤궁하여 남에게 의탁하고 살았으나, 의義가 아니면 조금도 취하지 않았다. 마음에 들지 않으면 제아무리 권력이 있고 지위가 높은 사람이라도 더럽게 여겼다." 허균은 나이고 벼슬이고 따지지 않고 이정을 깊이 사랑했노라고 고백하였다. 알고 보면 그들은 두터운 우정을 키우며 산 것이리라.

조지세 역시 허균의 심우였다. 허균의 문집 《성소부부고》에는 그들의 우정을 말해주는 글이 많다.

> 우리는 서로 친구가 되어 얼마나 좋아했던지 마음에 거슬림이 하나도
> 없었다. 아침저녁으로 서로를 찾았고, 잠시도 헤어지지 못했다. 날마
> 다 풍아風雅를 비평하고 고금의 문장가를 존숭하며 세월을 보냈다. 세
> 상 풍파와 무관하게 이렇게 지낸 것이 여러 해였다.

그런데 허균에게는 세상을 함께 살아가는 벗만이 벗은 아니었
다. 그에게는 시공을 초월하여 뜻을 함께 나눌 수 있는 존재라야
진정한 벗이었다. 화가 이정이 그린 3인의 옛사람을 마음속 깊이
흠모하여 어느 곳에 가든 그들의 초상화를 펼쳐놓고 대화를 나누
었다니 정말 놀라운 일이다.

참으로 아름다운 문장가의 우정이 아니던가. 이 글을 쓰면서 문
장가도 아닌 나는 스스로에게 끊임없이 물었다. 그럼 나에게 우정
은 과연 무엇인가. 나의 친구는 어디서 무엇을 하고 사는가. 그는
아직도 나를 생각할까. 허균의 좋은 글을 읽노라니 세파에 부대끼
느라 잊고 지내던 벗의 얼굴이 자꾸 떠오른다.

사랑과
그리움의 명문

사랑을 떠나서 무슨 이야기를 또 하겠는가. 사랑의 환희와 이별의 쓰라린 아픔을 모르는 이는 없겠으나, 자신의 속마음을 글로 솔직히 표현한 이는 드문 편이다. 타인에게 보여주기 민망해서 도저히 글로 남기지 못하는 경우도 많을 것 같다. 그러니 조선의 선비가 자신의 애정담을 글로 적는 것은 드문 일이었다. 그런 점에서 사가정四佳亭 서거정徐居正(1420~1488)이 아내 이야기를 시로 표현한 것은 주목할 만한 일이다.

연모의 정을 솔직하게 글로 표현한 이는 주로 여성이었다. 그것도 규중처자規中處子나는 기생이 더욱 많았다. 여기서는 조선 후기 시기詩妓의 이별 노래도 감상할 생각이다. 그 가운데는 한시도 있고 민간에서 유행하던 시조를 한문으로 번역한 것도 있다.

끝으로, 친구 사이에도 애끓는 정이 얼마든 있을 수 있다는 사실을 말하고 싶다. 이름난 실학자 다산茶山 정약용丁若鏞(1762~1836)은 유배지 강진에서 아암兒庵 혜장惠藏(1772~1811)이라는 10년 연하의 벗과 사귀었다. 그런데 두 사람의 관계는 단순한 친구 사이가 아니라, 형과 아우 같기도 하였고, 스승과 제자를 방불케 하였으며, 그 이상처럼 느껴지기도 하였다. 그들의 깊고 절절한 속정에 대해서도 살펴볼 것이다.

아내에게 술잔을 권하며

15세기 문단의 거장으로는 단연 사가정 서거정이 거론된다. 그는 벼슬도 높아서 의정부 좌참찬(정2품)까지 지냈고 무려 22년 동안 대제학을 역임하였다. 그동안 23번이나 과거 시험에서 시험문제를 출제 또는 채점하여 많은 선비들에게 홍패(문과 시험 합격증)를 안겨주었다.

정치적으로 보면 그는 이른바 훈구파에 속하였다. 그렇다고 후세인 우리가 그의 삶을 애써 부정할 필요는 없을 것이다. 서거정은 인간성이 무척 풍부한 사람이었다. 그의 글을 읽으면 저절로 마음이 따뜻해질 때가 많다. 그의 인간적 면모는 아내 선산 김씨를 떠올리며 쓴 시 여러 편에도 잘 나타나 있다.

서거정으로 말하면 시간이 날 때마다 아내와 함께 술잔을 비우며 도란도란 정을 나누는 다정한 남편이었다.

어린 풀잎 그윽한 향기 집 안 가득하네.
흥겨워 작은 술상 차리고 아내와 더불어 마시고 있네.
주렴을 훌훌 걷으니 산빛이 그림처럼 고와라.
구름 그림자 유유히 하늘에 걸려 있네.

細草幽香滿院中 興來小酌細君同

疎簾捲盡山如畫 雲影悠悠簷半空

이것은 《사가집》(시집 제10권)에 실린 시이다. 자신의 일상을 꾸밈
없이 묘사하였다. 그가 아내와 함께 술잔을 주거니 받거니 하였던
사실은 다른 시에도 거듭 나타나 있다. 가령 노년에 쓴 시 〈새벽에
일어나다〉에서도 나직이 읊조렸다(서거정, 《사가집》, 시집 제12권).

밤에 숙직하고 아침에 출근하는 것은 상관없는 일.
질동이의 막걸리를 아내와 더불어 마시노라.

夕直朝衙渾不管 瓦盆濁酒細君同

시인 서거정은 대단한 애주가였다. 그런 그에게 술을 챙겨주는
이는 언제나 아내 심씨였다. 시인은 술이 필요할 때마다 아기가
어머니를 조르듯 아내에게 달려가곤 하였다. 바깥에서는 추상같
은 위엄을 자랑하는 고관대작이었으나 집 안에서는 사정이 달랐

다고나 할까. 《사가집》(시집 제4권)에는 당장이라도 술병을 차고 달구경하러 연못으로 뛰쳐나갈 것 같은 시인의 모습이 연상되는 시 한 편이 있다. 〈연못[蓮塘卽事]〉이라는 시이다.

작은 연못 새로 받은 물 푸르기도 하지.
연잎은 푸르고 꽃은 붉어 밤 되자 더욱 볼만하군.
달구경하려면 술병을 가져가야지.
다시 집 안으로 들어가 아내에게 부탁하네.
小塘新水碧悠悠 翠蓋紅粧晚色稠
待月賞當携酒去 入門還與細君謀

아내의 보살핌이 있어 서거정은 행복하였다. 성종 3년(1472) 12월 4일, 서거정은 쉰세 번째 생일을 맞았다. 그는 그날의 감회를 다음과 같이 기록하였다(서거정, 《사가집》, 시집 제20권, 〈12월 4일 생일에 두 수를 짓다〉).

오늘은 내 생일
청춘이 흘러 쉰세 번째라네.
얼굴은 이미 심하게 시들었지.
벼슬도 내 힘으로 감당하지 못하겠네.
임금님 보좌할 재주가 있을 리 없어
전원으로 돌아감이 이내 분수인걸.

문장의 시대, 시대의 문장

아내가 축하해준 덕분에

단양주를 마시고 먼저 취하였네.

今日是初度 靑春五十三

容顔衰已甚 仕宦力不堪

補袞才何有 歸田分自甘

細君聊爲慶 臘酒已先酣

서거정에게는 아내 김씨가 최상의 친구였다. 그에게는 물론 조
정에 많은 동료가 있었고 따르는 젊은 문인들도 있었다. 그러나 몸
이라도 아파서 자연인으로 돌아갈 때면 그를 반기는 진정한 벗은
아내 한 사람뿐이었다(서거정, 《사가집》, 시집 제41권, 〈병중에 밤에 읊다〉).

두세 폭 병풍 앞에 등잔불도 가물가물

침상에 기대어 앉으니 스님처럼 고독하였소.

아내와 마주 보며 정담을 주고받았지.

어느덧 두 귀밑에 흰 눈이 소복이 내렸네.

數疊屛風一盞燈 小牀扶坐兀如僧

細君相對時相語 雙鬢刁騷雪萬層

그런 아내도 남편을 탓할 때가 있다. 관운이 좋았던 서거정이나
더러는 벼슬길에서 잠시 벗어날 때가 있었다. 그는 영락없이 가난
한 시인으로 전락했다. 수입은 나날이 줄어들고 생계가 어려워지면

아내의 지청구가 없을 수 없는 노릇이었다(서거정, 《사가집》, 시집 제30권, 〈우연히 쓰다〉).

시가 아무리 많아도 가난 구제는 못하네.
스스로도 불쌍하지, 살림살이 구질하네.
아내의 화를 견뎌야 하는 이내 모습.
詩多不救貧 自憐生事拙 長被細君嗔

서거정은 워낙 술을 좋아했다. 기꺼이 그와 술친구를 해주는 아내이긴 하였으나 남편의 지나친 애주가 건강을 상하게 할까 봐 조바심을 냈다. 아내의 다정한 그 마음을 잘 알면서도 서거정은 변명 아닌 변명을 하곤 하였다(서거정, 《사가집》, 시집 제45권, 〈밤에 잠을 청하느라 술을 마시며 장난삼아 읊다〉).

아내가 술에 중독된 나를 꾸짖네.
늘그막에 즐겨 마신 술이 도대체 얼마냐고.
약도 같고 침도 같은 그대 말씀 정말 고맙소만
취해 곯아떨어지는 밤과 잠 못 이루는 밤, 어느 편이 더 많은가요.
細君嗔我酒成魔 報道殘年嗜飮何
多謝卿言眞藥石 雖然醉睡孰醒多

'아무래도 잠을 청하려면 한잔 술이 필요하다'는 식의 변명이

다. 그러나 술을 많이 마신 서거정보다 아내가 먼저 세상을 등졌
다. 성종 18년(1487) 시인이 손수 정리한 시집 가운데 아내의 죽음
을 애도하는 시 한 편이 보인다(서거정, 《사가집》, 보유 제1권). 아내 김
씨가 사망한 것은 그보다도 여러 해 전의 일이었을 것이다.

부부가 된 지 오십 년이 되었소만
이처럼 갑자기 사별할 줄 어찌 알았으리.
그 옛날 동방삭처럼 아내에게 고기 한 점 건네지도 못하였네.
밥상을 눈썹까지 들어 올리던 맹광*을 다시는 못 만나겠네.
지난밤 절구통에 밥 짓는 꿈을 꾸었더니
오늘 아침 장자가 동이를 두드리는 슬픈 일을 당하고 말았네.**
낙천(백거이)도 산곡(황정견)도 나보다 일찍이
부를 짓고 시를 써 아내의 죽음을 슬퍼했네.
琴瑟相諧五十霜 那知死別亦蒼黃
無由遺肉如方朔 不復齊眉見孟光
昨夜已成炊臼夢 今朝謾作鼓盆傷
樂天山谷能先我 作賦題詩爲悼亡

---

* 거안제미舉案齊眉 고사의 주인공으로 남편을 극히 존중한 인물이다.
** 절구통에 밥 짓는 꿈은 아내를 잃는다는 뜻이며, 장자가 동이를 두드리는 일 또한 아
  내의 죽음을 의미한다.

서거정은 가장 진실한 벗이던 아내를 갑자기 잃고 애타는 슬픔을 담아 애도의 시를 지었다. 그는 자신의 시집을 손수 정리하고는 그 이듬해(1488) 타계하였다.

시기의 이별 노래

조선에는 시 쓰는 기생, 즉 시기詩妓가 있었다. 18세기의 실학자요, 문장가로 이름이 높았던 이덕무도 시기의 작품에 주목하였다. 그의 문집 《청장관전서》(제33권)에 시 몇 편이 소개되어 있다. 그 가운데서도 그리움과 이별의 한이 깃든 두 편을 골라보았다. 우선 춘장春牂의 시를 보자. 시조가 아니라 모두 한시였다. 당대의 이름난 시기는 한문에 능했던 모양이다.

봄 단장 서둘러 마치고 거문고를 어루만지네.
주렴 위로 붉은 햇살 어느덧 가득하오.
밤안개 짙더니만 아침 이슬 듬뿍 내렸소.
해당화여, 너는 왜 동쪽 담장 아래서 눈물짓느냐.
春牂催罷倚焦桐 珠箔輕盈日上紅
香霧夜多朝露重 海棠花泣小墻東

춘장이 언제 어디 살던 기생인지는 알 수 없다. 그런데 이 시를 뜯어보면 정제된 표현 속에 이별의 아픔이 숨어 있다. 춘장의 시선은 담장 아래 이슬을 잔뜩 머금은 어여쁜 해당화를 향하고 있으나 그 이슬이 이별의 눈물이요, 사랑의 상처일 것만 같다. 간밤의 짙은 안개는 임을 향한 그리움이니 거문고를 안고 있는 춘장의 모습에서 우리는 임의 부재를 실감한다.

더욱더 노골적으로 사랑의 아픔을 묘사한 작품도 있다. 선조의 부마(사위) 동양위 신익성의 한 여종이 쓴 것이다.

> 떨어진 잎새는 바람에 속삭이네.
> 차가워진 꽃, 비 그치자 홀로 눈물짓는다오.
> 임 그리워 밤새 꿈만 자꾸 꾸었지.
> 작은 다락 서편에 달빛도 하얘졌네.
> 落葉風前語 寒花雨後啼
> 相思今夜夢 月白小樓西

떨어진 잎새도, 비 맞은 꽃도, 잠 못 이루는 나도, 심지어 아직 서쪽 하늘가에 남아 있는 저 달도 임을 그리워하며 아파하고 있지 않은가. 나를 중심으로 온 세상천지가 사랑의 고통에 시달리고 있다. 이보다 격렬한 이별의 슬픔도 있을까. 글을 쓴 여종이 과연 기생이었을지는 모르겠다. 하여간 이덕무는 시의 내용이나 표현 방식이 그 시대의 이름 높은 작품과 다를 것이 없다고 보아서 함께 엮었을 것이다. 글을 읽는 내 마음이 매우 아프다.

동양위 신익성의 집안은 앞에서 언급한 이민구의 집안과 결혼으로 얽혀 있는데, 식구들이 모두 문재文才가 탁월하고 인품도 훌륭하였다 한다. 심지어는 그 집안의 여종과 남종 중에도 화조花鳥를 읊조리는 시인이 여럿이었다고 전한다. 믿기 어려운 사실이나 조선에는 그런 집안이 더러 있었단다.

자하 신위가 지은 소악부

자하 신위는 시서화로 이름이 높았다. 구한말 시인 창강 김택영이 그의 묵죽도를 얼마나 사랑하였는지는 앞에서도 말했다. 그런데 신위가 지은 시 가운데는 악부樂府(역사와 풍속 등을 한시로 기록한 작품)도 있었다. 귤산 이유원의 《임하필기》(제28권)에 그 작품들이 수록되어 있다.

내가 보기에 신위의 악부는 서민의 일상을 꾸밈없이 기록한 작품이 대부분이다. 항간에 널리 알려진 시조를 한문으로 번역한 것이리라. 고답적인 성리학 전성시대의 문장 미학과는 거리가 멀다. 어쩌면 한문학이 서민 대중을 당당한 독자로 대접하는 근대문학으로 바뀌고 있었다는 역사적 이정표일 수도 있다. 우리가 함께 읽을 작품은 하나같이 무명씨의 시조를 신위가 한시로 옮긴 것이다.

먼저 〈죽미곡竹謎曲〉의 한 곡조를 꺼내보면 이러했다.

백 가지 꽃을 다 심어도 좋으나

대나무만은 심지 않으리라.

화살대는 가고 오지 않으며 대금은 원망스럽기만 하다.

가장 나쁜 것이 그림 그리는 붓대라, 그리움만 적을 뿐이니.

人間百卉皆堪種 惟竹生憎種不宜

箭往不來長笛怨 最難畫出筆相思

상사相思의 괴로움을 이보다 실감 나게 표현할 수 있을까. 신위
처럼 고명한 문장가들도 서민문학을 진지하게 수용하였으니 바람
직한 변화가 아니었나 싶다.

유명한 〈벽계수곡碧溪水曲〉도 있다. 개성의 이름난 기생 황진이
가 지었다고 하는 시조이다.

청산리 벽계수야

수이 감을 자랑 마라.

일도창해(한번 푸른 바다에 도착함)하면 다시 오기 어려우니

명월(황진이)이 만공산(빈산에 가득함)할 때 쉬어 간들 어떠리.

靑山影裏碧溪水 容易東去爾莫誇

一到滄江難再見 且留明月映婆娑

벽계수는 왕실의 종친으로 한때 황진이와 사랑하는 사이였다고
전한다. 황진이는 그를 자신의 곁에 붙잡아두려고 이 노래를 불렀

다고 한다. 사실인지는 판단하기 어렵다.

끝으로 〈금로향곡 金爐香曲〉을 불러보자. 앞에서 읽은 곡조와는 차원이 다른 사연이다.

금로(금향로)에 향이 다 타고 누성(물시계 소리)이 그치도록

어디 가서 누구에게 사랑 바치다가

달그림자가 난간 위에 올랐을 즈음에야

맥脈 받으러 왔는가.

金爐香盡漏聲殘 誰與橫陳罄夜歡

月上闌干斜影後 打探人意驀來看

난봉꾼 남편 때문에 속앓이하는 아내의 심정을 사실적으로 그려낸 시이다. 아내는 향불을 피워놓고 그가 돌아오기를 하염없이 기다렸건마는 그는 바람을 피우느라 여념이 없었다. 달그림자도 찾기 어려운 새벽이 다 되어서야 어슬렁거리며 나타났다. 제아무리 미워도 야멸차게 밀어낼 수만은 없는 아내의 마음을 토로한 시가 아닌가.

이제 이렇게 마음을 꾹꾹 누르며 살던 세월의 강은 저 멀리 흘러가버렸다. 그것은 다행한 일이다. 하지만 그렇다 해서 사랑과 이별의 몽환과 통증이 사라진 것은 아니다. 살을 에는 듯한 아픔과 그리움은 언제까지나 우리 곁에 남아 있다. 세월이 암만 흘러도 우리는 연약한 인간이기를 그만둘 수 없을 테니까. 하면 조선

시대의 사랑 노래는 지금도 얼마간 유효한 것이다.

혜장을 그리며

다산 정약용은 강진의 유배지에서 아암 혜장 스님과 친구가 되었다. 두 사람의 깊은 정은 혜장이 정약용을 찾아온 데서 비롯되었다. 혜장으로 말하면 일찍이 춘계 천묵 스님에게 불교 경전을 배웠고, 연담 유일 스님과 운담 정일 스님에게도 큰 가르침을 받았다. 그는 이미 27세에 정암 즉원 스님의 법을 물려받았으며, 30세에는 두륜산 대흥사에서 강석講席을 펴기 시작했다. 혜장도 정약용도 뛰어난 수재임이 틀림없었다.

정약용은 어느 시 한 편에서 혜장과의 만남을 자세히 기록하였다(정약용, 《다산시문집》, 제5권, 〈혜장 상인에게 주다〉). 먼저는 물설고 낯선 유배지에서 자신이 겪은 어려움을 꾸밈없이 털어놓았다.

네다섯 해 동안 궁핍하게 살았더니
육근(신체와 정신 능력)이 사라진 지 오래요.
남은 것은 바다같이 큰 뜻뿐.
끝없이 넓어 끝이 어딘 줄 모르겠소.
窮居四五年 六根久已息
獨有湖海志 浩蕩無終極

그러고는 자신을 찾아온 혜장 스님에 대해 아는 대로 꼬박꼬박 기록하였다. 스님이 당시 불교계를 대표하는 훌륭한 인재라는 평가를 곁들인 것이나 마찬가지였다.

혜장은 진정한 수동(나이는 젊어도 덕이 큰 스님)
어린 시절 남쪽을 떠들썩하게 했다지요.
명성이 우레처럼 퍼져나가
호걸들이 만나보기를 원했다는군요. …
서른에 천 사람의 스승이 되었으니
어찌 하늘을 나는 새가 아닐쏜가요.
藏也信壽童 眇小噪南國
盛名若雷霆 豪桀願顔色
三十師千人 豈非戾天翼

궁지에 몰린 자신을 찾아준 혜장의 후의에 정약용은 깊이 감사하였다. 이후 두 사람은 형제처럼, 사제처럼, 또는 연인이라도 되는 것처럼 기회가 닿을 때마다 정답게 재회하였다. 언젠가 정약용이 강진 만덕사에 딸린 수도암에 묵고 있을 때도 혜장은 기약 없이 불쑥 찾아와 그를 기쁘게 하였다. 또 순조 7년(1807) 봄에도 강진의 배소配所로 찾아와 그의 마음을 위로해주었다. 두 사람은 만나면 함께 차도 마시고 경전의 뜻을 캐기도 하면서 순진무구한 어린아이처럼 마냥 즐거워하였다.

이따금 혜장은 정약용에게 차를 보내주었다. 때로는 정약용이 스님에게 차를 보내달라고 청하기도 하였다(정약용, 《다산시문집》, 제5권, 〈혜장 상인에게 보내 차를 빌다〉).

들기로 석름봉 아래서는
옛날부터 좋은 차가 나온다더군요.
때는 보리 베어 말릴 시절이라
찻잎이 돋고 피었겠지요.
어렵게 사느라 굶고 지내는 것이 습관이 되었다오.
누린내 나는 기름 따위는 먹고 싶지 않지요.
꿩돼지며 닭죽 따위야
호사스러운지라 상에 올릴 수도 없답니다.
다만 땅기고 아픈 통증이 있어
가끔 술 마시고 깨지 못하지요.
산속에 사시는 기공* 덕분에
육우**의 솥을 (차로) 채우고 싶다오.
부디 보시하여 제 병이 낫기를.
물에 빠진 사람 건져주는 것과 어찌 다를쏜가요.

---

* 당나라 때의 승려 제기齊己. 여기서는 혜장을 상징한다.
** 당나라 때의 문인. 다도茶道의 조상으로 다신茶神이라 추앙받는다.

불에 찌고 말리기를 법대로 하면

물에 담근 그 빛깔 맑기도 하답니다.

傳聞石廩底　由來産佳茗

時當晒麥天　旗展亦槍挺

窮居習長齋　羶膩志已冷

花猪與粥鷄　豪侈邈難竝

秪因痃癖苦　時中酒未醒

庶藉己公林　少充陸羽鼎

檀施苟去疾　奚殊津筏拯

焙晒須如法　浸漬色方澄

　정약용은 유달리 차 욕심이 많았다. 그래서 혜장 스님과 티격태
격할 때도 있었다. 언젠가는 혜장이 정약용에게 줄 생각으로 차를
만들었는데, 그때 마침 스님의 제자인 색성이 먼저 정약용에게 차
를 준 적이 있었다. 그러자 혜장은 마음을 바꾸어 정약용에게 차를
보내지 않았다. 이 사실을 알게 된 정약용은 장문의 시 편지에 원
망하는 말을 잔뜩 써 보냈다. 기어이 차를 받아내고야 말겠다는 것
이었다. 시의 1절을 소개하면 다음과 같다(정약용,《다산시문집》, 제5권).

　그대 사는 곳 다산이지요.

　온 산에 널린 것이 자색 순(찻잎) 아닌가요.

　제자의 마음은 후하건마는

스승은 왜 이리도 쌀쌀한지요.

백 근을 주어도 내가 사양은 않을 터인데

두 봉지를 주면 왜 안 될까요.

況爾棲茶山　漫山紫筍挺

弟子意雖厚　先生禮頗冷

百觔且不辭　兩苞施宜竝

두 명의 석학이 차 봉지를 둘러싸고 어린아이처럼 아웅다웅 말장난을 벌이는 모습이 천진하기만 하다. 그들은 이미 서로를 누구보다 깊이 이해하고 위로하는 사이였다. 〈회檜를 그리는 칠십운 ─ 혜장에게 부치다〉라는 시도 한 편 있다(정약용, 《다산시문집》, 제5권). 그 글에는 흥미로운 서문이 실려 있어 두 사람의 심정을 이해하는 데 도움이 된다. 정약용은 혜장에 대해 이렇게 말했다.

처음 장공藏公(혜장)을 만났을 때 나는 그가 솔직하고 꾸밈새가 없다는 점을 알아차렸다. 그는 다른 사람에게 아부하는 태도가 전혀 없었다. 그를 아는 사람은 그런 점을 귀하게 여기겠으나, 잘 모르는 이들은 교만하다고 말할 것이다. 그렇다고 집집마다 찾아가서 설명할 수도 없으리라. (혜장 자신이) 스스로의 언행을 더욱더 닦는 것만이 고명高名을 지키는 최선의 길이겠다. 여기에 내가 쓴 문자는 보잘것없으나 뜻은 그럴 리가 없다. 혜장이 내 말뜻을 잘 이해하고 실천하기를 바라는 마음 간절하다.

이런 글을 쓸 때 정약용은 친구라기보다는 인생의 선배로서, 또는 스승이나 형으로서 혜장에게 말을 건네는 심정이었으리라고 생각한다. 그의 시에서도 진심이 담긴 충고 또는 간절한 당부의 마음이 엿보인다.

예전에 내가 몸소 겪은 일이라오.
나는 먼저 팔이 부러진 사람이라 의원이나 한가지요.
가장 어려운 일, 사람 상대하는 일이라오.
헐뜯는 말이 거기서 끓어 넘친답니다.
昔吾身親嘗 如醫先折肱
接物最費力 毁言此沸騰

얼굴빛 근엄하면 오만하다 흠잡고
농담이라도 건네면 얕본다고 말하지요.
눈이 나빠서 얼른 기억하지 못하면
다들 교만하다고 떠든답니다.
色莊必疑亢 語詼期云陵
眼鈍不記舊 皆謂志驕矜

정약용이 혜장을 만나 충고의 말만 되풀이한 것은 아니었다. 혜장이 강진 고성사에 왔다며 자신의 문도를 보내 알려오자 정약용은 만사를 제쳐두고 달려가 그를 만났다. 마침 가랑비가 촉촉이

문장의 시대, 시대의 문장

내리는 날이어서 두 사람은 절에 머물며 밤새도록 이야기를 주고
받았다. 그들의 담화는 영혼의 이중주와도 같아, 서로에게 깊은
감동을 안겨준 모양이었다. 그날 정약용이 쓴 시가 한 편 남아 있
다(정약용,《다산시문집》, 제5권).

나는 시경, 서경, 주역을 말하고

그대는 화엄경, 능엄경, 원각경을 풀이했지요.

그날 하늘에서는 안개비가 내렸고요.

한마디 한마디가 현묘한 이치였답니다.

以我詩書易 博爾華楞圓

霏屑落層空 咳唾皆幽玄

사방은 적막하여 만물이 멈춰 있었어요.

천성을 되찾아 우리 눈에는 눈물이 흘렀지요.

그리하여 나는 이마도 넓은 그대가

곧 선禪의 이치를 깨칠 줄 짐작하였답니다. …

뉘라서 알리오, 나와 그대가

아련한 슬픔과 연민을 품은 사실을 말이오.

四座寂不動 出淚感其天

因知廣額屠 立地可通禪

誰知吾與若 遙遙含悲憐

정약용과 혜장, 두 사람의 만남은 수많은 세월을 격하여 듣기만 하는 나 같은 사람에게도 가슴 벅찬 감동을 불러일으킨다. 그들이 깊은 속마음을 서로에게 허락한 사실은 다른 날 주고받은 시구에도 깊이 아로새겨져 있다. 혜장은 자신의 마음을 이렇게 표현했다.

고고한 꽃은 때가 묻지 않는답니다.
마음이 통하면 쇠붙이도 끊지요.
孤芳不點涬 神交能斷金

정약용의 화답도 정말 멋졌다. 그 역시 자신의 속마음을 스스럼 없이 털어놓았다.

생각도 못했지요. 내 마음 알아줄 그 한 사람이
바로 청해(완도) 물가에 계실 줄이야.
不意賞心人 乃在淸海湑

그러나 세상의 파도는 그때도 험난하였나 보다. 순조 11년(1811) 9월, 정약용보다 열 살이나 젊은 혜장이 먼저 쓰러지고 말았다. 비보를 접한 정약용은 마음을 가누기 어려웠다. 며칠 뒤 그는 산에서 딴 과일 한 접시와 마을에서 구한 술 한 사발을 혜장의 영전에 바쳤다. 여러 해 전 《주역》의 이치를 함께 따지던 일이 떠올랐고, 혜장이 늘 조주 화상 趙州和尙(당나라의 고승인 종심 선사)의 화두를 붙들

백련사의 대웅전. 정약용과 혜장은 강진 만덕산에 자리한 다산초당과 백련사를 오가며 깊이 교류했
다. (문화재청)

고 씨름하던 일도 잊지 못했다. 정약용은 신음 소리를 내며 자신
의 벗 혜장은 이미 그런 이치를 터득했을 거라고 고개를 연신 주
억거렸다(정약용,《다산시문집》, 제17권, 〈아암 혜장 제문〉).

송곳처럼 날카롭고

추상처럼 매서운 문장가

문장가는 글 때문에 목숨이 위태로울 수 있다. 석주 권필은 세상을 풍자하는 시를 즐겨 쓰다가 젊은 나이에 매를 맞고 숨졌다. 그 하나만 그런 액운을 만난 것은 아니지만 대표적인 예였다.

　휴암休菴 백인걸白仁傑(1497~1579)은 충직한 문장으로 나약한 명종 임금 앞에서 집권층의 부당성을 질타했다. 당장 무슨 효과가 있으리라 믿어서가 아니었다. 선비는 목숨을 걸고 자신의 책무를 다해야 마땅하다고 확신했기 때문이다. 과연 그는 한 장 상소문 때문에 10년 넘게 초야에 묻혀야 했다.

　남명南冥 조식曺植(1501~1572)은 어떠했던가. 명리를 추구하기는커녕 그는 눈앞에 굴러온 벼슬을 사양하며 임금에게 쓴소리를 하였다. 왕은 그가 아뢴 상소의 본뜻을 조금도 이해하지 못했다.

피어린 상소문에 얽힌 사연을 더듬어가며, 나는 문장가로서 난세를 헤쳐나간다는 것이 참으로 견디기 힘든 고역이 아니었을까 생각했다. 차라리 붓을 꺾을 수는 없었을까. 한 가닥 양심 때문에 문장가는 뜻을 굽히지 못한 채 고난을 자초하였던가.

석주 권필, 시 한 편과 목숨을 바꾸다

석주 권필은 대단한 문장가였다. 성품도 호방하였던 그는 세상 일을 시로 풍자할 때가 많았다. 명색이 시인인데 그럼 시가 아닌 무엇으로 세상사를 말하겠는가. 그런데 그 때문에 세상과 작별하게 되었으니, 슬픈 일이다.

광해군은 자신을 무시하였다며 권필을 직접 국문鞠問하고 형벌을 주었다. 고금에 드문 일이었다. 일의 발단은 광해군 3년(1611)으로 거슬러 올라간다. 과거 시험 답안지에 임숙영이란 선비가 조정을 심하게 비판했다. 그는 외척이 교만하고 방자하며 궁중에서 관리 임용에 지나치게 개입한다고 지적하였다. 그러자 조정에서는 시험 자체를 취소하였다.

세상이 유사儒士, 곧 선비 중 선비라 불렀던 석주 권필은 그런 일을 가만히 보고만 있을 수 없었다. 그는 풍자시를 한 편 지었다. 삽시간에 그 시가 장안에 널리 퍼졌다. 과연 무슨 내용이었을까. 실록에서 문제의 시를 찾아보았다《광해군일기》, 제52권, 광해군 4년 4월 2일).

대궐의 버드나무 푸르고 푸르러 버들꽃 어지러이 흩날리도다.

성안 가득 메운 신사님들 봄빛에 아첨하기 바쁘다오.

조정은 서로 축하하며 태평성대 노래한다마는

뉘라서 알았을까, 바른 말씀 한갓 포의(초야의 선비)에게서 나올 줄을.

宮柳靑靑花亂飛 滿城冠蓋媚春輝

朝家共賀昇平樂 誰遣危言出布衣

시의 첫머리에 '궁류宮柳'라는 두 글자가 있다. 이에 대해 많은 사람이 쑥덕거렸다. 대개는 궁궐의 유가柳家라고 해석하였다. 광해군의 처남 유희발이 그때 대간으로 있었는데, 그는 권필의 시가 불쾌했다. 그래서 이런 주장을 폈다. "권필이 시에서 말한 '궁류'라는 두 글자는 중전마마를 가리키는 것이다." 그는 동료들을 선동해 권필을 처벌하고자 했지만 뜻대로 되지 않았다.

왕실의 외척 조국필이 권필을 불러 조용히 타일렀다. "임금께서 그대의 〈궁류시宮柳詩〉 이야기를 듣고 무척 노하셨다오. 그대는 조만간 큰 벌을 면하기 어려울 것이오. 만일 상소를 지어서 스스로 해명한다면 내가 중간에서 (임금의) 노여움을 풀어보겠소." 그러나 권필은 그저 웃기만 하고 대꾸하지 않았다.

마침 그때 역모 사건이 일어났는데, 관련자인 조수륜의 문서를 수색하다가 그가 옮겨 쓴 〈궁류시〉가 발견되었다. 이 때문에 이 시는 갑자기 정치적으로 민감한 사안이 되었다. 사실 권필과 조수륜은 아무 관계도 없었다.

그러나 광해군은 권필을 체포하라고 명령했다. "권필은 어떤 사람이기에 감히 이런 시를 지어 멋대로 (대궐을) 비난한단 말인가. 임금을 무시하다니 부도不道한 죄가 매우 크다. 낱낱이 추궁해서 물어야 한다." 모두 실록에 나오는 이야기이다.

권필은 임금에게 여러 가지로 변명하였다. 이 시를 쓰게 된 배경도 장황하게 설명했다. "옛날 시인들은 감흥의 형식을 빌려 풍자한 일이 있었습니다. 그 때문에 신도 이를 모방하여 지어본 것입니다. 임숙영은 아직 벼슬하지 못한 선비임에도 이처럼 과감하게 말하였는데 조정에는 바른말을 하는 사람이 없었습니다. 그러므로 이 시로 여러 사람을 풍자해 채찍질의 효과가 있기를 바랐습니다." 〈궁류시〉가 세태를 풍자한 사회 비판의 뜻을 담은 시라고 인정한 셈이었다.

문제가 된 궁류 두 글자를 시인은 이렇게 해명하였다. "송나라의 왕원지王元之가 지은 시 가운데 '대궐 버들이 삼월 아지랑이에 낮게 늘어졌다오宮柳低垂三月烟'라는 글귀에서 빌려온 것입니다. 사람들은 제 시에 있는 '유柳' 자가 외척을 가리킨다고 하지만, 신의 본뜻은 그렇지 않습니다." 하지만 글쎄다. 이런 설명은 벌을 면하려고 둘러댄 억지 변명일 것이다.

시인도 인정하듯 그는 세상에 큰일이 있을 때마다 시로 풍자하기를 좋아했다. 어찌 감히 임금을 무시하는 마음을 가졌겠느냐고 반문하였으나 광해군은 그를 믿지 않았다.

왕은 권필이 순순히 본심을 털어놓지 않자 고문을 명령했다. 정

문장의 시대, 시대의 문장

승들이 모두 나서 고문을 반대하였다. 한음 이덕형과 백사 이항복은 정승으로서 이 문제를 역모 사건과는 엄격히 구별하였다. 나중에 의금부에서 조용히 조사하면 충분하다고 말했다.

하지만 광해군은 권필이 미웠다. 그리하여 몇 차례 혹독한 매질을 하게 하고는 날이 새자 그를 멀고 먼 함경도 경원부로 귀양 보내라고 하였다. 그러나 권필은 귀양도 가지 못하고 세상을 떠났다. 본래 몸이 허약했던 그가 곤장을 맞았으니 걷지도 못하는 것은 당연했다. 들것에 실린 채 그는 성문을 나갔으나 장독杖毒(매 맞은 후유증)이 심하여 그만 숨이 끊어지고 말았다. 후세의 기록에는 그가 동대문에 도착했을 때 사람들이 권하는 술을 너무 많이 마시는 바람에 죽고 말았다고 한다. 향년 44세에 불과하였다.

실록 편찬자는 권필의 죽음을 안타까워하며 이렇게 기술하였다. 그는 대문장가의 생애를 요령 있게 요약하였다. 대강 다음과 같은 내용이다.

권필은 뜻이 크고 기개가 있었다. 그의 논의와 풍채와 태도는 당대 제일이었다. 젊은 나이에 한 시대의 인걸을 모두 사귀어 명성이 대단하였다. 신묘년(선조 24년, 1591) 당쟁이 거세진 뒤로 세상일에 뜻을 잃어 과거에 응시하지도 않았다. 오직 산과 바다를 유람하면서 시와 술로 세월을 보냈다.

그는 성질이 굳세고 바른말을 잘하는 편이어서 시로 세태를 풍자하기 좋아하였다. 그가 시를 내놓을 때마다 장안 사람들이 외우고 전하

여 떠들썩하였다. 이로 인하여 그를 싫어하는 사람이 많아졌다. 결국
은 화를 면하지 못하게 되었다. 평론가들은 그를 조선 최고의 정종正
宗(문장가)으로 추앙하였다. 그가 작고하였다는 소식이 들리자 온 나라
사람들이 슬퍼하였다.

절개 높은 문장가의 삶은 아마 이런 것이었으리라. 권필처럼 호
방하고 풍자를 좋아하는 시인이 난세를 만났으니 어찌 무사하겠
는가. 시대의 문장가라서 시대를 외면하지 못한 비극이여, 위로의
말도 찾기 어렵다.

휴암 백인걸의 서리보다 굳센 절개

그로 말하면 정암 조광조의 제자요, 우계 성혼의 스승이다. 백
인걸은 16세기 조선의 이름난 명신으로, 특히 곧은 말을 잘하기로
명성이 높았다. 을사사화가 일어나기 직전 그는 명종에게 상소문
한 장을 올려 왕의 잘못을 극언하였다. 물론 그러고서 무사할 리
없었다. 문장가는 목숨이 오가는 긴박한 상황에서도 바른말을 하
지 않고서는 견디지 못하는 것일까.

중종이 재위 39년 만에 세상을 떠나자 학문이 높은 인종이 즉
위하였다. 사림의 기대가 컸으나 인종은 곧 승하하고 말았다. 그
후 나이 어린 명종이 옥좌에 오르자 외척이 보란 듯이 세력을 부

렸다. 대윤(윤임 일파)이니 소윤(윤원형 일파)이니 하는 명목이 생기더니 서로 심하게 권력 다툼을 벌였다. 특히 소윤은 문정왕후를 뒷배 삼아 조정의 반대파를 모조리 쫓아내려고 음모를 꾸몄다. 이것이 을사사화로 이어졌음을 우리는 알고 있다.

백인걸이 목숨을 건 상소를 올린 시기는 을사사화가 본격화되기 직전이었다. 명종 즉위년 8월 23일, 그는 사간원 헌납(정5품)으로서 윤원형 등이 조정 대신들과 의논하지 않은 채 국사를 좌지우지하고 있다는 점을 날카롭게 비판하였다. 그 날짜에 해당하는 실록에서 백인걸의 글을 찾아보았다.

임금님의 정치는 아무리 사소한 것이라도 광명정대해야 하며 나라 사람들이 모두 알게 처리해야 옳습니다. 이번 윤임에 관한 일은 마땅히 원상院相(재상들의 임시 협의체)과 의논하여 처리하셨어야 합니다. 그러나 (모후인 문정왕후가) 편지로 윤원형(왕후의 오라버니)에게 몰래 왕의 명령[密旨]이라며 몇몇 재상들을 시켜 (윤임의 처벌을) 바로 아뢰게 하였습니다. 또 조정 대신들을 오라고 불러 그 죄목을 정했습니다.

그를 죄주기로 한 결정은 옳았으나 그 방법은 도리에서 크게 어긋났습니다. 임금님께서 원상에게 밀지를 내리지 않고 윤원형에게 내리신 것은 잘못입니다. 뒷날 간신들이 이런 방식을 이용하여 뜻을 얻을 수 있습니다. 더구나 죄인은 정당한 명목으로 처벌을 결정해야 나라 사람들이 '누구는 무슨 일로 무슨 죄를 얻었다'고 이해할 것이 아닙니까. 윤임 등 세 사람의 벌은 그저 '멀리 귀양 보냄[遠竄], 파직罷職, 벼슬을 바꿈[遞差]'이라고만 하셨습니다. 그 명령을 내린 이유가 기록되어 있지 않아, 이 역시 국법에 부합하는 떳떳한 일이 아닙니다.

열세 살 어린 왕이 외척의 뜻에 맞춰 비정상적인 방법으로 윤위 일파를 서둘러 제거한 것은 잘못이었다. 처벌할 때는 이유도 명백하고 절차도 법에 맞아야 하는데 전혀 지켜지지 않았다. 그 점을 백인걸은 문제 삼은 것이었다.

윤원형은 임금님의 지극히 가까운 친척[至親]입니다. 임금님의 명령(전지)을 받은 직후 자신의 잘못을 막기 위한 계[防啓]를 올렸어야 합니다. "이렇게 비밀스러운 일은 다른 사람을 시키셔도 훗날의 폐단이 될 것인데 하물며 저와 같이 가까운 친척에게 하십니까. 제가 순순히 따라서 명령대로 거행한다면 앞으로 폐단을 없애기 어려울 것입니다"라고 했더라면 임금님께서는 일을 잘못 처리하신 실수가 없었을 터이고, 아래에서는 폐단을 일으킬 염려도 없게 될 것입니다. 그런데 그는 급급하게 서둘러 자신이 재상들과 연락하였으니, 국법이 광명정대한 곳에서 나오지 못하게 만든 것입니다. 지극히 잘못된 일입니다. 죄상을 추궁하여 심문하소서.

누가 보더라도 명종 밀지 사건의 주모자는 윤원형이었다. 형식적으로는 왕에게서 문정왕후로, 다시 윤원형으로 명령이 내려간 것처럼 꾸몄으나, 실은 윤원형이 중심인물이었다. 이를 모를 리 없던 백인걸은 윤원형의 잘못을 준엄하게 꾸짖었다.

아울러 권력의 시녀처럼 굴었다는 이유로 대사헌과 대사간도 그의 비판을 면하지 못했다. 두 고관 중에서도 특히 대사헌 민제인의 비굴한 처사를 백인걸은 용서하기 어려웠던 모양이다. 그때 사헌부와 사간원의 나머지 관리들, 즉 백인걸의 동료들도 뜻은 그와 같았으나 나서기를 두려워하였다. 그들은 윤원형의 세도가 무서워 행여 그의 눈 밖에 날까 봐 움츠리고 있었다. 백인걸은 그들의 관직도 모두 갈아야 한다고 말했다. 그의 상소는 짚을 지고 불 속으로 뛰어드는 것처럼 위험한 행동이었다.

임금이 (상소를 읽고) 답하였다. "왕실에 화가 닥쳤기 때문에 부득이 밀지를 내려 조정과 의논해 정한 일이다. 그대가 아뢴 내용은 조정 대신과 다시 의논하여 처리하겠다."

한마디로 이는 백인걸의 날 선 비판에 대한 윤원형 측의 대답이었다. 침묵할 수 없어서 형식적으로 답변한 것이다.

백인걸은 문제의 상소를 올리기에 앞서 단단히 각오하였다. 실록 편찬자는 그 점을 주석으로 이렇게 붙여두었다.

당시 백인걸이 임금님의 부름을 받고 대궐에 들어가 이를 아뢰기 전에 그의 어머니와 아내에게 말하였다. "제가 지금 들어가면 반드시 의금부에 하옥되어 유배를 떠나는 사태가 발생할 것이나 놀라지 말기 바람니다." 그러자 어머니와 아내가 울면서 말렸으나 그는 듣지 않았다.

　언관으로서 자신에게 불리한 결과를 낳을 줄 알면서도 그는 태연히 양심의 명령에 따랐다. 평생 글을 읽고 쓰는 선비라면 도리에 충실하지 않을 수 없다는 생각을 하였던 것일까.

　사람이 도리를 알기도 어렵지만 혼란한 세태를 빤히 보면서 도리를 실천하기는 더더욱 어려운 일이다. 백인걸 같은 조선의 학자 문인들은 목숨이 경각에 달렸어도 뒤돌아보지 않았으니, 참으로 보기 드문 일이다.

　《을사전문록》이라는 책이 있다. 을사사화에 관한 여러 사실을 기록하였는데, 이에 따르면 의금부에서 과연 백인걸을 취조하였다. 사헌부와 사간원에서는 속으로 그의 의로움에 탄복하였다. 그리하여 심문을 중지하라고 요청했다. 그러나 윤원형 일파는 끝내 백인걸을 함경도 안변으로 유배하고 말았다.

　명종이 죽고 선조가 즉위하자 사화로 희생된 사림들이 하나둘 조정에 복귀하였다. 백인걸도 예외가 아니었다. 많은 인재가 조정에 모였으나 내부적인 문제로 초반부터 삐걱댔다. 자리에 연연하지 않는 백인걸은 벼슬을 버리고 다시 시골로 돌아갔다. 그러자 선조는 손수 편지를 한 통 써서 급히 보냈다.

　어서御書, 즉 임금의 서한을 받은 백인걸은 어쩔 수 없이 벼슬길에 나왔다. 그러나 오래지 않아 다시 시골집으로 발길을 돌렸다. 정치적 이해관계가 격하게 충돌하는 현장이 자신과는 어울리지 않았기 때문이다. 일세에 이름을 남긴 학자와 문장가 중에는 벼슬을 마다하고 숨은 이들이 왜 이다지도 많은가.

남명 조식, 벼슬을 물리치다

세상이 혼란하면 수습할 인재가 필요하다. 그러나 거기에도 조건이 있다. 왕에게 진심으로 인재를 구하여 그에게 정치를 맡길 의지가 있는가. 혹은 그저 명사의 이름을 빌려 잠시 성난 인심을 잠재우려 하는 것인가. 전자라면 몰라도 후자라면 임금이 아무리 조정에 나오라고 불러도 진심이 아니지 않은가. 하면, 굳이 허명을 좇아 번잡한 장안에 들어갈 필요가 없는 것이다. 남명 조식은 이른바 출처出處의 달인이었다. 함부로 벼슬에 나아가기보다는 산림에서 학문과 인격을 도야하고 많은 제자를 길러 나라의 장래를 준비하였다.

그는 조선 역사상 가장 격렬한 상소문을 올린 것으로도 정평이 나 있다. 명종 10년(1555) 11월 19일, 조식은 경상도 단성 현감에 임명되기 무섭게 장문의 상소를 올려 사직을 요청하였다. 그 글은 같은 날짜에 해당하는 실록에도 실려 있다. 천천히 함께 읽어보기로 한다.

조식은 자신의 능력이 부족해 벼슬을 주어도 하기 어렵다고 말한 다음, 당시의 문란한 국정을 신랄하게 비판하였다.

전하의 나랏일은 이미 잘못되었고 나라의 근본이 망하여 천의天意가
이미 떠나갔습니다. 인심도 이미 떠났습니다. 비유하면 마치 백 년
된 거목 속을 벌레가 갉아먹어 진액이 다 마르고, 게다가 회오리바람
과 사나운 비가 언제 닥쳐올지 전혀 모르는 상황이 된 지 이미 오래
인 셈입니다.

조정에 충의忠義로운 선비와 근면하고 어진 신하가 없지 않으나, 나
쁜 형세가 이미 극에 달하여 그들의 손이 미칠 수 없습니다. 사방을
둘러보아도 어찌할 수 없는 곳뿐이라는 점을 그들은 이미 알고 있습
니다. 낮은 벼슬아치는 아래서 낄낄거리며 주색을 탐하고, 대신들은
윗자리에서 우물거리며 재물만 불립니다.

매우 과격한 발언이었다. 과연 사실에 근거한 지적일까 의문이
들 정도인데, 실록 편찬자도 인정하는 당시의 고질적 문제였다.
"공도公道는 자취도 없이 사라졌고 사문私門이 크게 열리었다." 그
때는 벼슬아치들이 나랏일을 걱정하기는커녕 제 호주머니만 챙
기는 것이 흔한 일이었다고 한다. 그러므로 조식은 당시의 비참한
사회상을 다음과 같이 요약하였다.

백성들의 고통은 아랑곳하지 않으며 중앙 관리들 중에는 자신을 후
원하는 세력을 (조정에) 심어서 마치 용龍을 못에 끌어들이듯 합니다.
… 지방관리는 백성의 재물을 마구 빼앗기를 이리가 들판에서 날뛰
듯이 하면서도 가죽이 다 해지면 털도 붙어 있을 수 없다는 사실을

문장의 시대, 시대의 문장

알지 못합니다. 신은 이 때문에 깊이 고뇌하고 길게 탄식하여, 낮에도 하늘을 우러러본 것이 한두 번이 아닙니다. 한탄하고 아픈 마음을 억누르며 밤에 멍하니 천장을 쳐다본 지가 오래되었습니다.

자전慈殿(명종의 모후)께서는 생각이 깊으시나 깊숙한 궁중의 한 과부에 지나지 않으시고, 전하께서는 어리시어 선왕先王의 외로운 후사에 지나지 않습니다. 그러니 천백千百 가지 하늘의 재해와 억만 갈래로 갈라진 인심을 무엇으로 감당해내며 무엇으로 수습하겠습니까? 냇물이 마르고 곡식이 비가 되어 내렸으니 그 조짐이 어떻다 하겠습니까? 음악 소리도 구슬프고 흰옷을 즐겨 입으니 소리와 형상에 변고의 조짐이 나타났습니다.

여기서 말한 변고의 조짐이란 무엇일까. 낙동강 상류의 물길이 끊긴 것을 말한다. 명종 9년(1554) 겨울이었다. 조식은 이러한 자연 재해가 타락한 사회 풍조와 밀접한 관련이 있다고 믿었다. 명종이 크게 마음을 바꾸어 나라의 기강을 바로잡기를 촉구하며, 그는 다음과 같이 극언하였다.

초개 같은 한 미신微臣*의 재질로 제가 무엇을 하겠습니까? 위로는

---

* 지위가 낮은 신하란 뜻으로 조식이 자신을 낮추어 표현한 말.

위태로움을 전혀 지탱하지 못할 것이고 아래로는 백성을 털끝만큼도 보호하지 못할 것이니, 전하의 신하가 되기가 어렵겠습니다. 변변하지도 못한 명성을 팔아서 전하의 관작을 사고 국록을 먹으면서도 맡은 일을 하지 못한다면, 신이 원하는 바가 아닐 것입니다.

요컨대 나랏일이 완전히 그릇되어 있으므로 벼슬을 해보았자 조식이 제대로 할 수 있는 것이 없다는 말이다. 무언중에 그는 국가의 전면적인 개혁을 요구한 셈이다.

그리고 나서 조식은 명종 때의 을묘왜변(명종 10년, 1555)을 논하였다. 전라도 강진과 진도 및 영암에 왜군이 쳐들어온 사건이다. 그때 큰 화를 입은 것은 물론이고 장수로서 벌을 받은 이도 있었다. 조정의 사후 처리에 잘못이 없지 않았다. 실록 편자는 조식이 상소문에서 "아마도 남정한 장사將士에게 형을 준 것을 지목한 듯하다"고 주를 달았다.

여러 말 끝에 조식은 그 어디서도 전례를 찾기 어려운 강한 어조로 명종에게 따지듯 묻는다.

저는 잘 모르겠습니다. 전하께서 좋아하시는 것이 무엇입니까? 학문을 좋아하십니까? 풍류와 여색을 좋아하십니까? 활쏘기와 말 달리기를 좋아하십니까? 군자를 좋아하십니까? 소인을 좋아하십니까? 전하께서 좋아하시는 바에 나라의 존망存亡이 달려 있습니다.

조식은 그저 혹독한 비판만 일삼은 독설가는 아니다. 그는 명종이 불교를 좋아하는 데 착안해 '진정眞定'이란 개념을 빌려, 마음을 잘 다스리는 왕이 되기를 당부한다. 마음 하나만 잘 움직이면 정치의 요체를 얻었다고 볼 수 있기 때문이다. 다분히 성리학적 해석이다.

더구나 정사政事는 사람에게 달려 있으니 사람을 임용하는 것이 중요합니다. 자신의 몸을 닦음을 주로 하되 몸을 닦는 것은 도道를 따라서 해야 합니다. 전하께서 사람을 등용하실 때 자신의 몸을 닦아서 하실 것 같으면 조정[帷幄]에 있는 사람이 모두 사직社稷을 보위할 것이니, 아무 일도 모르는 소신 같은 이가 왜 필요하겠습니까. 만약 사람을 헛된 명성만으로 등용한다면 (그는) 잠자리를 벗어나면 모두 속이고 배신하는 무리일 것이니, 주변머리 없는 소신이 또 무슨 필요가 있겠습니까. 뒷날 전하께서 덕화를 왕도의 경지에 이르도록 키우신다면 신도 마부의 말석에서나마 채찍을 잡고 마음과 힘을 다하여 신하의 직분을 다할 것입니다. 임금을 섬길 날이 어찌 없겠습니까.

글을 잘 읽어보면 뜻이 이보다 명확할 수 없다. 조식은 임금의 뜻을 저버린 것이 아니다. 그는 임금이 성리학 본연의 자리로 돌아오기를 촉구한다. 그때가 되면 자신도 미력이나마 최선을 다해 돕겠노라고 약속한 것이다. 나는 그의 상소문을 그렇게 읽는다.

조식은 한 시대를 대표할 만한 학식을 갖추고도 시골에 숨어 살았다. 숨은 선비[逸士]라고 부를 만하였다. 그는 관직을 물리쳤음에도 나라를 근심하는 마음이 간절하였다. 나중에 임진왜란이 일어나자 그의 제자들 가운데서 용맹스러운 의병장이 다수 배출된 것은 결코 우연이 아니었다. 스승 조식이 누구보다 강직하고 나라를 깊이 사랑하는 큰선비였기 때문이다.

그럼 당시 조정의 반응은 어떠했을까. 상소가 올라가자 명종은 승정원을 꾸짖었다. 대개 이런 식이었다. "조식의 상소를 읽어보니 강직한 듯하지만 모후(왕의 어머니 문정대비)에게 불공한 표현이 있다. 조식은 군신君臣의 의리를 모르는 한심스러운 사람이다. 승정원에서는 이러한 상소를 먼저 보았을 테니 처벌을 요구했어야 마땅하다. 감히 이런 사람을 벼슬에 천거했는가? 임금이 아무리 못났더라도 신하가 어찌 이런 욕설을 하게 내버려둘 수 있는가? 이것이 어진 이가 임금을 사랑하고 공경하는 방식인가?"

그렇게 험한 말을 쏟아붓고도 왕은 분이 풀리지 않았다. "상소문에서 '모후(자전)께서는 생각이 깊으시나 깊숙한 궁중의 한 과부에 지나지 않는다'라고 하였다. 공손하지 못한 말이 아닌가. 또 '전하의 신하 되기가 어렵다'고 하였다. 불손한 말이다. 더욱이 '음악 소리도 구슬프고 흰옷을 즐겨 입으니 소리와 형상에 변고의 조짐이 나타났다'라고 하였다. 불길한 언사이다."

내가 보기에 명종과 그의 측근은 조식의 마음을 제대로 읽지 못하였다. 그들은 자그만 구절 몇 개에 얽매여 상소의 본의를 왜곡하기에 급급하였다. 이러고서도 훌륭한 임금이 나온 적 있었던가.

명종의 시대는 과연 어떤 업적을 이루었던가. 그들의 태도로 미루어 잘될 일이 없지 않았겠는가.

그런데 명종과 조식의 이야기가 그 시점에 종지부를 찍은 것은 아니었다. 허목이 쓴 글에 따르면 그 이듬해에도 조정에서는 조식을 불렀다고 한다(허목, 《기언》, 제39권, 〈덕산비德山碑〉 참조). 이번에는 상서원 판관尙瑞院判官에 임명하였다. 그러고는 사정전에서 조식을 불러 임금과 직접 만나게 되었다.

왕은 조식에게 물었다. 유비가 제갈공명을 찾아서 세 번이나 초가집으로 찾아간 일을 어떻게 생각하는가 하고 말이다. 조식의 대답은 이러했단다. "반드시 인재를 얻어야만 큰일을 이룰 수 있습니다. 그러나 제갈량이 소열(유비)을 수십 년 동안 섬겼음에도 끝내 한나라 왕실을 부흥하지 못하였습니다. 그 까닭은 잘 모르겠습니다." 이 말을 마치고 나서 조식은 서둘러 산으로 돌아갔다.

조식이 보기에 명종은 준비된 왕이 아니었던가 보다. 목숨을 다하여 보필하고자 하여도 이쪽의 성의를 제대로 알지 못할 왕이라면 그 옆에 남아 시간을 허비할 필요가 있을까. 아마 조식은 그렇게 생각한 듯하다. 과연 그것이 옳은 판단이었을까 의심하는 이도 있을 것이다. 그래도 내 생각에는 조식이 옳았다. 내 마음을 이해하지 못하는 사람과 큰일을 함께 할 수는 없는 노릇이다. 오늘날 우리는 돈에 몰리고 자리가 탐나서 차마 못할 일을 하고 있지나 않은지 깊이 헤아려볼 일이다.

오늘날 우리에게 문장이란 무엇인가

　지금까지 우리는 20명도 넘는 조선의 문장가와 함께 문장의 과거를 되돌아보는 시간을 가졌다. 그들은 시공간의 장벽을 넘어 우리에게 다가와 풍성한 선물을 건네주었다. 문장은 참으로 인간의 삶을 풍요롭게 만들어주기도 하고, 잊었던 삶의 귀한 가치를 일깨워주기도 한다. 사가정 서거정의 아름다운 시도 운치가 각별하였고, 이름 없는 시기의 사랑 이야기도 읽는 이의 가슴을 울렸다. 서애 유성룡과 명장 이순신의 우정을 돌이켜볼 때는 나도 모르게 눈가에 물기가 어렸다.

　문장의 힘은 실로 위대하여 역사의 흐름을 바꾸기도 하였다. 교산 허균, 성호 이익, 추사 김정희 그리고 혜강 최한기와 환재 박규수의 글을 읽으며, 우리는 새로운 시대가 밝아옴을 보았다. 문장가들의 정치·사회적 영향력이 조금만 더 컸더라면 하는 아쉬움도 없지는 않다. 그런데 세상일이란 그런 것이리라. 때로는 한 시대의 과제가 척척 해결되기도 하지만, 때로는 답답하게 우왕좌왕하며 제 길을 열지 못하고 안타까운 지경에 빠지기도 하는 법. 그것이 바로 역사가 아닐까.

잇달아 굵직한 사건이 일어나서 사회가 극도의 혼란에 빠질 때면 문장가의 삶도 순탄하기 어려웠다. 문장가들 역시 서로 편을 갈라 대립하였다. 고려가 멸망하고 조선왕조가 들어선 시기를 돌아보면 피비린내가 난다. 사제 간이었음에도 인생행로가 달라진 목은 이색과 삼봉 정도전의 비극이 아련히 떠오른다. 조선 사회가 성리학 중심으로 돌아가기 시작했을 때도 풍파가 적지 않았다. 점필재 김종직은 사림파의 종장으로서 새 시대의 도래를 알리는 순수하고 고졸한 문장 미학을 선보였다. 하지만 용재 성현과 사가정 서거정은 훈구파로서 옛 문장의 화려한 전통을 고수하며 맞섰다. 익숙했던 한 시대의 가치가 뒤로 물러앉고 새 시대가 동틈을 알리는 깃발이 올라가면 문장가들도 격하게 다투었다.

한반도를 둘러싼 국제정세가 다급하게 바뀌었던 19세기 말 역시 예외가 아니었다. 지조 높은 문장가들은 시대의 격랑에 굴하지 않고 자신의 목숨을 초개처럼 내던지며 망국의 한을 노래하였다. 창강 김택영은 굳센 선비로서 한 조각 절조를 지키고자 머나먼 이국땅으로 떠났다. 일찍이 자하 신위의 묵죽도를 바라보며 선비의 절개를 고백한 그는 충절의 가치를 가슴에 간직한 채 결국 만리타국에서 눈을 감고 말았다. 문장의 역사가 이토록 역동적이었던가 하는 생각이 든다.

　지금 세상은 어떠한가. 오늘날 우리는 과거 어느 때보다 많은 글을 읽고 쓴다. 페이스북의 댓글, 카카오톡 메시지, 유튜브에 남기는 감상까지 모두 글이 아니고 무엇인가. 그러니 우리가 생산하고 소비하는 문장은 양적인 면에서 역대 최고일 것이다. 문장이 소수 특권계급의 전유물에 지나지 않았던 과거와는 완연히 다른, 새로운 세상에 우리가 산다.

　그러나 질적인 면에서는 어느 정도 수준일까. 오늘날 문장은 뜻밖의 강적을 만나서 혈투를 벌이는 듯하다. 세계 어디서나 시민사회를 혼란에 빠뜨리는 가짜 뉴스의 문제가 뇌리에 떠오른다. 민주주의의 역설인가. 인류 역사를 읽어보아도 지금처럼 가짜 문장이 범람한 적은 일찍이 없었다. 지식정보는 날로 폭증하는데 우리가 만나는 각종 문장은 거짓에 오염되어 있다니, 결코 사소한 문제가 아니다. 전대미문의 대전환기를 맞아 세상은 혼란에 빠졌고, 문장 또한 위기에 처한 느낌이다.

　이 책을 쓰는 동안 나는 끊임없이 내면에서 솟아오르는 한 가지 질문과 씨름하였다. 고전적 의미의 문장가와 명문장이 사라진 삭막한 시대, 다시 말해 문장 본연의 가치를 찾기 어려운 시대에, 문장은 과연 무슨 의미가 있느냐는 물음이었다. 우리는 왜 고전 시대의 명문장을 읽어야 하는가? 만약 시대를 초월하는 바람직한 문장이 존재한다면, 그것은 어떤 모습일까? '법고창신'의 정신을 본받아 옛 시대의 명문장에서 우리가 나아갈 미래의 열쇠를 찾을 수 있을 것 같다.

현대 사회가 당면한 문제의 본질은 정보와 자료의 결핍에서 비롯하지 않았다. 정보와 자료가 넘쳐나는데도 이를 꿰뚫을 수 있는 날카로운 문제의식과 통찰이 부족하다는 사실이 이 시대의 약점이다. 그렇다면 사물에 관한 비판적 사고를 길러주는 문장 공부를 해보면 어떨까.

성호 이익의 최대 강점은 매사를 비판적으로 검토하는 사고에 있었다. 이익은 인간 행동에 미치는 정치·경제적 동기를 실증적인 방법으로 꼼꼼히 분석하고 검증하였다. 형이상학적 도덕이나 외부에서 주입되기 일쑤인 선입견을 몽땅 배제하고, 사물을 억측으로 재단하지 않는 합리적이고 비판적인 태도를 끝까지 유지하였다. 시대의 풍경은 많이 달라졌으나, 그의 글을 반복해서 읽고 정수를 체득할 수만 있다면 사물의 진실에 한 걸음 더 가까이 다가설 수 있으리라.

혜강 최한기도 우리가 지나칠 수 없는 소중한 스승이다. 이미 한 세기도 전에 그는 마치 현대인을 염두에 두기라도 한 것처럼 힘주어 말하였다. "오래된 것이 반드시 나쁜 것도 아니고 새것이라야 꼭 좋은 것도 아니다." 과연 그 말처럼 옛날과 오늘날의 지식을 적절히 활용한다면 사물의 본질에 가까워질 수 있을 것 같다.

곰곰 생각해보면, 우리를 공정하고 평화로운 미래로 안내할 문장의 스승은 어디에나 있다. 낡은 시대의 문장이라 해서 모두 낡은 것만도 아니요, 새 시대의 문장이 꼭 좋다고 우겨서도 곤란하겠다. 오랜 세월이 흐른 다음에도 여전히 빛을 뽐는 문장이야말로 참된 문장이다.

'문장의 시대'와 '시대의 문장'을 살피며 나는 한 가지 중요한 사실을 발견하였다. 훌륭한 문장은 시공을 뛰어넘는 불변의 힘을 갖고 있다. 지혜와 통찰이 깃든 문장은 그를 만나는 사람들의 운명을 바꿔놓는다. 《논어》와 《맹자》, 성경과 불경이 그랬듯 말이다. 성호 이익과 혜강 최한기, 법고창신을 논한 연암 박지원의 문장도 다르지 않다. 문장에는 인류의 역사를 써 내려가는 위대한 힘이 있다.

지금 이 순간에도 세상 곳곳에서는 사람의 운명을 바꾸는 문장이 태어나고 있을 것이다. 또 누군가는 과거의 명문장을 읽고 영감을 얻어 이웃에게 버거운 일상의 짐을 덜어주는 따뜻한 위로와 격려의 말을 건네고 있을 것이다. 그런 일은 매체에 구애받지 않고 끊임없이 일어난다. 평범한 사람이 SNS에 끼적인 짤막한 몇 문장이 세상의 어둠을 밝히는 고귀한 글이 될 수도 있다. 위대한 문장은 소리 없이 여기저기서 탄생하고 있으리라. 우리 시대의 혼란과 어둠을 가중하는 불량한 문장만 태어나는 것이 아니라는 데서 나는 희망을 본다. 통찰과 지혜가 빛나는 영롱한 문장들이 장차 세상의 흐름을 더욱 정의롭고 평화롭게 바꿀 것이라 믿는다.

시대의 조류야 언제든 변하기 마련이다. 그에 발맞춰 문장의 형식도 바뀌겠지만 그래도 좋은 문장이 아주 사라지는 날은 오지 않을 것이다. 어질고 아름다운 문장에 깃든 위대한 힘, 영혼을 뒤흔드는 그 힘은 까마득한 옛날부터 머나먼 미래에 이르기까지 우리의 삶을 이끄는 한 줄기 빛이다.

참고문헌

강명관, 《조선 시대 책과 지식의 역사: 조선의 책과 지식은 조선사회와 어떻게
　　만나고 헤어졌을까?》, 천년의상상, 2014
권근, 《(국역) 양촌집》, 1~5권, 민족문화추진회 역, 솔출판사, 1997
권별, 《해동잡록》(이희평, 《계서잡록》, 한국정신문화연구원, 1981에서 참고)
권필, 《석주집》, 정민 역, 태학사, 2009
기대승, 《(국역) 고봉집》, 민족문화추진회 역, 솔출판사, 1990~1998
김택영, 《조선왕조실록: 꼭읽어야 할 인문고전 한국편》, 안외순 편역, 타임기
　　획, 2005
박수밀·송원찬, 《새기고 싶은 명문장: 흔들리는 나를 세우는 고전의 단단한
　　가르침》, 웅진지식하우스, 2012
박지원, 《연암집》, 박수밀 역, 지식을만드는지식, 2009
백승종, 《선비와 함께 춤을: 지금 우리에게 필요한 선비 정신을 찾아서》, 사우,
　　2018
백승종, 《신사와 선비: 오늘의 동양과 서양은 어떻게 만들어졌는가》, 사우,
　　2018

백승종,《중용, 조선을 바꾼 한 권의 책》, 사우, 2019

백인걸,《휴암선생실기》, 윤혁동 역, 휴암백인걸선생기념사업회, 1981

서거정,《(국역) 동문선》, 1~7권, 민족문화추진회 역, 민족문화추진회, 1969

성대중,《청성잡기》, 한국고전번역원 역, 올재, 2012

성현,《용재총화》, 민족문화추진회 편, 솔출판사, 1997

《승정원일기》, 민족문화추진회 역, 민족문화추진회, 1995~현재

안대회,《문장의 품격: 조선의 문장가에게 배우는 치밀하고 섬세하게 일상을
　　쓰는 법》, 휴머니스트, 2016

안정복,《(교감역주) 순암집》, 1~2권, 이상하 역주, 성균관대학교출판부, 2016

유성룡,《서애집》, 1~2권, 민족문화추진회 역, 민족문화문고간행회, 1986

윤기,《무명자집》, 1~16권, 강민정 · 이규필 · 김채식 · 이상아 역, 성균관대학교
　　출판부, 2013~2014

이규경,《(분류) 오주연문장전산고》, 1~6권, 민족문화추진회 역, 학술정보원,
　　2008

이긍익,《(국역) 연려실기술》, 1~12권, 민족문화추진회 역, 민족문화추진회,
　　1989

이덕무,《(국역) 청장관전서》, 1~10권, 민족문화추진회 역, 솔출판사, 1997

이색,《목은집》, 이병혁 역주, 고대민족문화연구소, 1995

이순신,《난중일기》, 송찬섭 편역, 서해문집, 2004

이순신,《(증보 교감완역) 난중일기》, 노승석 역, 여해, 2014

이안눌,《동악선생집》, 국립중앙도서관, 1999

이유원,《(국역) 임하필기》, 1~9권, 김동주 역, 민족문화추진회, 1999~2003

이익,《성호사설》, 민족문화추진회 역, 솔출판사, 1997

이종묵,《글로 세상을 호령하다: 조선의 문학과 예술을 꽃피운 명문장가들의
　　뜨겁고도 매혹적인 인생예찬!》, 김영사, 2010

이황,《퇴계집》, 장기근 역, 명문당, 2003

《일성록》, 153~185권, 김성재 외 역, 한국고전번역원, 2015~2016

장유,《(신편 국역) 계곡집》, 1~8권, 민족문화추진회 역, 한국학술정보, 2007~2008

정도전,《삼봉집》, 박진훈 역, 지식을만드는지식, 2009

정몽주,《포은집》, 박대현 역, 한국고전번역원, 2018

정민,《죽비소리》, 마음산책, 2005

정약용,《(국역) 다산시문집》, 1~9권, 민족문화추진회 역, 민족문화추진회, 1987

조식,《남명집》, 경상대학교 남명학연구소 역, 한길사, 2001

허균,《(신편 국역) 성소부부고》, 1~7권, 민족문화추진회 역, 한국학술정보, 2006

허목,《(국역) 미수기언》, 1~5권, 민족문화추진회 역, 솔출판사, 1997

홍대용,《담헌서》(《한국문집총간》, 221~260권, 민족문화추진회, 1999~2000에서 참고)